알지 못하는 아이의 죽음

알지 못하는 아이의 죽음

은유 지음 | 임진실 사진

2019년 6월 14일 초판 1쇄 발행
2024년 4월 12일 초판 17쇄 발행

펴낸이 한철희 | **펴낸곳** 돌베개 | **등록** 1979년 8월 25일 제406-2003-000018호
주소 (10881) 경기도 파주시 회동길 77-20 (문발동)
전화 (031) 955-5020 | **팩스** (031) 955-5050
홈페이지 www.dolbegae.co.kr | **전자우편** book@dolbegae.co.kr
블로그 blog.naver.com/imdol79 | **트위터** @dolbegae79 | **페이스북** /dolbegae

주간 김수한 | **편집** 김혜영
표지디자인 김동신 | **본문디자인** 이은정 · 이연경
마케팅 심찬식 · 고운성 · 조원형 | **제작 · 관리** 윤국중 · 이수민 | **인쇄 · 제본** 한영문화사

ISBN 978-89-7199-963-9 (03300)

책값은 뒤표지에 있습니다.

이 도서의 국립중앙도서관 출판예정도서목록(CIP)은
서지정보유통지원시스템 홈페이지(http://seoji.nl.go.kr)와
국가자료공동목록시스템(http://www.nl.go.kr/kolisnet)에서 이용하실 수 있습니다.
(CIP제어번호: CIP2019020787)

알지 못하는 아이의 죽음

은유 지음

임진실 사진

돌베개

차 례

2부 김동준들

들어가며

하루를 살아갈 용기

고통보다 오래가는 것은 이 무심한 세계의 지속이다.

_ 문광훈

한 청년이 쓴 글을 읽었다. 글쓰기 수업에 제출한 과제물이었는데, 한 단락을 읽으면서 나는 자세를 고쳐 앉았다. 이런 내용이었다. "바보 같던 대학생 시절의 일이다. 휴대폰을 들여다보며 학교 앞 숲을 걷다가 나무에 머리를 쿵 부딪쳤다. 통증이 상당했지만, 저녁엔 과외 아르바이트가 있었다. 비몽사몽 과외를 하고 나오는데, 아파트 앞 사거리에서 쿵 소리가 났다. 치킨을 배달하던 소년이 오토바이 옆에 쓰러져 머리에 피를 흘리고 있었다. 소년의 얼굴에는 표정이 없었다. 나는 밤새 머리가 아파서 헛구역질을 했고, 이튿날엔 학교 대신 병원에 가서 CT검사를 받았다. 검사 결과는 이상이 없었다. 하지만 어제 본 소년의 얼굴은 계속 나를 따라다녔다. 며칠 후, 과외에 갔더니 학생이 먼저 소년의 이야기를 꺼냈다. 그날 아파트 앞 사거리에서 교통사고로 한 아이가 죽었다고, 그는 자기 중학교 동창이며 인근 실업계 고등학교에 다닌다고. 알지 못하는, 아니 한 다리 건너 연결된 열일곱 살 아이는 그렇게 내 눈앞에서 어처구니없이 세상을 떠났다. 그 아이는 죽었는데, 나는 왜 살아 있을까? 그 아이의 죽음은 어떤 죄책감과 부채감처럼 마음에 남았다."

내가 겪은 일처럼 다가왔다. 신문 사회면에 단신으로 소개되는 사건 중에도 청소년이 죽거나 다치는 기사를 접하면 유독 종일토록 마음이 무거웠다. 길을 가다가 오토바이를 타고 난폭하게 질주하는 청년들을 보기라도 할 땐 그들이 곧 죽을까 봐 불안했다. 툭 치면 세상 밖으로 내쳐지는 간당간당한 생에 대해, 그런 삶을 낳는 세상에 대해 갖은 생각이 밀려오곤 했다. '피자를 시켰더니 같은 반 아이가 배달을 왔다더라'는 얘기는 몇 번쯤 들어본 레퍼토리다. 제 몸 써서 정직하게 일하는 노동의 귀함을 설파하는 미담이 아니라 '너도 공부 안 하면 저렇게 된다' 혹은 '공부에 전념할 수 있는 걸 복으로 알라'는 식의 괴담처럼 학부모들 사이에 유통된다. 한 아이의 삶을 부분 탈취하여 훈육과 통제의 도구로 삼는 행태는 천박하지만 그런 무지막지한 경고가 극단적 현실로 드러나는 세상은 더없이 참담하다. '저렇게 된다'고 어른들이 떠드는 동안 정말로 한 아이가 죽었다.

알지 못하는 아이의 또 다른 죽음을 전해들은 것도 그 즈음이다. 그러니까 세월호 사건이 일어난 해인 2014년 초봄, 회사에 다니는 한 친구는 어느 시사주간지에 실린 사건을 내게 들려주었다. 당시 고3이었던 CJ제일제당 현장실습생 김동준은 장시간 노동과 작업장 내 폭력에 시달리다가 죽음을 택했다. 그는 전날 밤, 트위터에 이렇게 썼다. "너무 두렵습니다. 내일 난 제정신으로 회사를 다닐 수 있을까요?" 그의 어머니는 "그때 그냥 그만두고 나와도 된다고 했어야 하는데 '세상 사는 게 다 그렇게 힘든 거다'고 말했던 것이 너무 후회된다"고 말했다고 한다. 친구는 아이의 유언도 마음 아프지만 어머니의 말씀이 깊이 와닿았다고 했다. 역시나 힘들게 살았을 그 어머니는 당신이 사는 이유인 아들을 떠나보내고 나서야 비로소 '세상 사는 법'에 대해 다르게 말할 수 있게 된 것 같다고 했다. 어머니의 말은 친구가 기다리던 구원의 메시지였을까. 꼭 그 때문만은 아니겠지만 친구는 4년간 밤낮없이 일하던 회사를 그만두었다.

그로부터 3년 후, '현장실습생의 죽음'을 통해 삶을 숙고하는 책을 만들어보자는 제안이 왔을 때 나는 오래된 숙제를 풀 기회가 왔음을 직감했다.

특성화고 학생을 본 적이 없다

작가란 다른 사람들이 하지 않는 이야기, 하고 싶어하지 않는 이야기를 해야 하며, 특히 동시대의 문제를 폭로하고 경고해야 한다.

_ 도리스 레싱

봄에 태어나 겨울에 떠나간 아이. 김동준 군 3주기가 지난 2017년 봄 무렵이었다. 동준 군 어머니 강석경 씨에게 인터뷰를 요청하는 긴 편지를 띄웠다. 어느 짧고 힘든 생을 보낸 청소년의 죽음을 계기로 우리의 삶 자체를 다시 생각해보는 책을 쓰고 싶다고 했다. 다행히 답장이 왔고 약속을 잡았다. 평택역 앞, 화사하고 보드라운 스카프를 두른 한 여인이 나를 알아보고 손짓했다. 밝은 표정의 첫인상에 내심 놀랐다. 나도 모르는 사이에 '자식을 앞세운 어미'의 비감 어린 모습을 상상했던 걸까. 우리는 자리를 잡고 이야기를 시작했는데 나는 또 당황했다. 쨍한 하늘에서 느닷없이 빗방울이 떨어지듯 그의 눈에선 눈물방울이 후두둑 떨어졌다. 웃음의 표면 아래 눌러둔 눈물은 눈꺼풀 한 번 깜빡이는 자극에도 쉬이 넘쳤다.

강석경 씨는 외동인 동준이를 극진히 돌보았다. 아이에 대한 사랑을 표현할 게 밥뿐이었기에 밥상에 정성을 다했다. 못 하는 요리가 없는 엄마를 아이도 자랑스러워했다. 밥을 먹으면서 대화도 나누었다. 아이 혼자 심심할까 봐 게임도 같이 했다. 그런데 아이가 특성화고에 다녔다는 것, 자살했다는 것, 두 가지 사실로 사람들은 간편하게 시나리오를 썼다. 가난하고 불행한 환경에서 자랐을 것이고, 부모와 사이가 안 좋았을 것이며, 어둡고 심약한 아이였을 것이라는 말들을 무심히 해댔다. 푸릇한 나이에 왜 죽어야만 했나 질문하지 않고 이래서 죽었을 것이라고 단정했다.

특성화고 학생에 대한 편견은 대개의 편견이 그러하듯 '잘 모름'에서 생겨나고, 편견은 '접촉 없음'으로 강화된다. 어느 삼십대 남성은 나와 이야기를 하던 중 자신은 살면서 특성화고 졸업생을 한 명도 만나본 적이 없다고 했다. 그와 마주보고 있던 나는 여상을 졸업했다. 그가 말하는 특성화고 졸업생이 바로 나였다. 대부분 사람들은 사회생활을 하는 성인은 전부 대졸자이고 특히

글 쓰는 일에 종사하면 대학을 나왔으리라 간주한다. 꼭 그렇지는 않다. 그동안 거리에서 장애인을 못 봤다면 장애인이 없어서가 아니라 장애인이 대중교통을 이용할 만한 여건이 아니라서 그렇듯이, 지금까지 성폭력 피해자를 못 봤다면 그런 일이 없어서가 아니라 그 사실을 말해도 들어주는 사회 분위기가 아니었기 때문이듯, 특성화고 학생도 그런 사회적 분위기와 맥락에 따라 자연스레 비가시화된다. 모든 청소년은 학교에 다니고 학생이란 곧 전부 수능을 치는 예비 수험생으로 여기는 식이다. 비진학, 탈학교 아이들은 배제되고 특성화고 아이들은 고려되지 못한다.

게다가 특성화고 학생은 '현장실습생의 죽음' 같은 기사를 통해서만 불우한 존재로 납작하게 재현된다. 매스컴에 의해 반복적으로 호명되면서 그들이 처한 부당한 상황은 그들 삶의 기본값처럼 인식된다. 원래 불우했으니 계속 불우해도 이상할 게 없는 것이다. 기성세대가 저지르는 무지와 무관심은 이렇게 폭력의 구조를 공고히 한다. '특성화고 학생'이나 '현장실습생'이라는 분류 코드의 구성원이 아닌 한 사람으로서 그들의 목소리를 듣는 일은 우리 공동체에서 진지하게 시도되지 못했다. 이 아이들의 정체성이 현장실습생이 전부는 아니었지만, 죽는 순간 비운의 현장실습생으로 박제되고 만다. 그뿐인가. 죽어서도 비슷한 사건이 발생할 때마다 ○○ 군, ○○ 양으로 불려나오기 바쁘다. 현장실습생 김군 혹은 이군이 아니라 오롯한 존재, 저마다 고유한 관계 속에서 경험과 기억을 쌓아갔던 복잡하고 다채로운 한 사람으로 기억하는 작업이 필요하다고 느낀 이유다. 이 아이들은 왜 죽을 수밖에 없었을까. 이 물음은 그들이 어떤 삶을 살고 싶었는가를 묻는 과정에서만 조금씩 드러나리라 생각한다.

가장 약한 자를 독살시킨다

애들아, 너무 착해도 이 나라에서 살기 힘들다. 적당히 싸가지도 부리고 개기기도 해야지 묵묵하게 일만 하면 호구로 보고 갈구기만 한다. 그리고 혹시라도 때리거나 건드리면 너는 더 때려라. 이게 팩트다. 약한 모습 보이지 말고. 세상이 그래. 더 강해져라.

2018년, 스물한 살 산업기능요원의 죽음을 다룬 한 공중파 프로그램 기사에 달린 댓글이다. 이 험한 세상을 어떻게 살아야 하는지에 대해 너무 늦게 도착한 조언이 씁쓸하고 애달프다. 이 부고의 주인공 역시 특성화고 졸업생이다. 공고를 나와 중소기업에서 산업기능요원으로 대체복무를 하던 중 숨진 채 발견됐다.

"직원들 다 퇴근하고 혼자 공장에 남아 작업 중이다." "설마 일요일까지 근무시킬 줄은 몰랐다." "토·일요일 특근도 금요일에야 알려준다." "욕먹는 것도 한 명에게서 듣는 것이면 다행이다. 다단계도 아니고 다 와서 난리 친다." 그가 생전에 남긴 문자는 조용한 비명이다. 고인은 매일 열 시간이 넘게 일하고도 주말에 특근까지 했다. 언어폭력 등 괴롭힘도 있었던 것으로 전해진다. 군 복무도 해결하고 돈도 벌어 꿈을 펼치려던, 스물을 갓 넘긴 한 청년은 외롭게, 호되게 일하다가 그만 세상의 등쌀에 못 이겨 세상을 등졌다.

동준 군 사례도 비슷하다. 동준 군은 게임 프로그래머의 꿈을 안고 동아마이스터고에 입학해 CJ그룹에 입사했고 햄과 소시지를 만드는 진천 육가공 공장에 현장실습생으로 들어갔다. 입사하자마자 명절 수요를 채우느라 연장 근무가 잦았다. 퇴근 후엔 좀 쉬고 싶었지만 회식에 가야 했다. 원하지 않는 술을 마시고 담배를 피우고, 내키지 않지만 노래방에서 춤을 추고 노래도 불러야 했다. 무조건 명령에 따라야 하는 상황에 자괴감이 컸다. 조심스레 거부 의사를 표현해도 누구는 하고 싶어서 하느냐, 사회생활이 다 그런 것이라는 말만 돌아왔다. 그러다가 어느 날 회식자리에서 여덟 살 위의 선임에게 얼차려를 당하고 뺨을 맞고 머리를 밟히는 폭행을 당했다. 가해자로부터 폭행 사실을 말하면 가만두지 않겠다, 죽여버리겠다는 협박을 받았다.

저 댓글에 나온 지침대로, "적당히 싸가지도 부리고 개기기도" 못했다. 입사한 지 두 달 된 동준 군도, 동준 군보다 두 살 많은 산업기능요원도 저항하는 법을 알지 못했다. 그렇다면 우리는 자라면서 언제 어떻게 배우는 걸까. 부당한 상황에서는 참지 말아야 한다는 것을. 위험하면, 불안하면, 힘들면 작업을 거부할 권리가 있다는 것을. 회사는 그만두어도 된다는 것을. 세상에 원래 그런 건 없다는 것을. 입사 3년차, 10년차가 지나면 자동으로 터득할 수 있을까.

제아무리 자기를 지키는 법을 모르는 사람도 자기가 훼손 되는 느낌은 안다. 안전한 울타리에서 막 벗어났을 때 느끼는 뿌리 뽑힘의 상태, 그 '최초의 충격'이 존재를 극도로 위축시키고 사고의 균형을 깨뜨린다는 사실은 자명하다. 프랑스의 철학자 시몬 베유는 산업자본주의의 발흥 이후 유럽의 아동노동을 비판하며 다음과 같이 말했다. "학교를 다니는 어린이는 그가 좋은 학생이건 나쁜 학생이건 간에 그 존재를 인정받은 인간이며, 사람들은 그의 능력을 신장시키려 애쓰고 그의 양식에 호소하고자 한다. 그러나 일단 공장에 들어가게 되면 기계 부속품 이하로 전락되는 것이다. (…) 대부분의 노동자는 이 시기에 내적인 현기증을 동반하면서 자신의 생이 존재하지 않는다는 인상을 받는다."(시몬 베유, 『노동일기』)

어느 날 갑자기 곤충으로 변하는 카프카 소설의 주인공처럼, 일순간 인간에서 '기계 부속품'으로 배치되는 상황, 존중을 받기보다 복종을 강요당하는 '인격 제거'의 상태에 놓일 때 한 아이가 느끼는 혼란은 클 것이다. 동준 군 사건을 담당한 노무법인의 한창림 사무장도 비슷한 맥락의 이야기를 들려주었다. "소견서 작성을 위해 동준 군 친구들과 통화했는데 인터뷰를 하면서 느꼈어요. 아, 아직 어린 학생이구나. 아이들이 어떤 문제가 있으면 담임선생님을 찾아요. 상사에게 의논하거나 법률적으로 해결하는 게 아니라 학교에 의지하는 방식으로 해결하더라고요. 친구들이 한꺼번에 각각의 회사로 취업해서 나가는데 모두가 비슷한 처지에 있다고 해요. 갑자기 학교에서 공부하다가 일을 해야 하는 처지로 바뀌면서 시간도 자유롭지 못하고 회사랑도 안 맞고 힘든 거예요. 주위에서 친구들이 일찍 그만두려고 한다는 말을 들으면서 제가 몰랐던 세계를 느꼈죠."

현장실습생 동준 군은 일터에서 발생한 문제를 해결하기 위해 부랴부랴 학교 '담임선생님'에게 구조 요청을 보냈다. 그러나 담임이 일터의 위계적인 조직문화를 바꿀 수도, 그 가해자로부터 자신을 보호해줄 수도 없음을 아이는 간파했다. "아주 낮은 곳에 있기 때문에 아무도 그를 불쌍히 여기지 않고 또 어느 누구도 괴롭힐 힘을 갖지 못한 사람", 출구를 찾지 못한 그 아이의 "고통은 자기 안에 그대로 남아 그를 독살시켰다."(시몬 베유, 『중력과 은총』)

그렇게 열아홉 살 김동준 군은 폭력적인 사회화 과정의 희생자가 되었다.

학습도 실습도 아닌 죽음의 노동에 몰리다

일이란 특권계층에게 이익을 안겨주려고 현재 생산체계에 억지로 밀려들어가는 활동이다. _ 윌리엄 모리스

동준 군 어머니를 처음 만난 그해 2017년 11월 19일, 제주지역 생수 공장에서 일하던 현장실습생 이민호 군이 적재 프레스에 몸이 끼어 숨졌다. 민호 군은 고3 재학 중인 7월부터 기숙사 생활을 하며 현장실습을 나갔다. 업무를 배운 건 단 5일이다. 인수인

계 후 전임자가 퇴사하고 민호 군이 생수 포장·적재·운송 등 일명 '기계 오퍼레이션 업무'를 거의 도맡았다. 잦은 기계 고장으로 갈비뼈 타박상 등 부상을 두 차례나 입었지만 업체는 노후된 설비를 고쳐주지 않았다. 현장실습 시 작성하는 '표준협약서' 제4조는 사업주의 의무로 "현장실습을 지도할 능력을 갖춘 담당자를 배치하여 현장실습생의 현장실습을 성실하게 지도"할 것을 들고 있다. 이 의무사항도 지켜지지 않았다. 민호 군은 혼자 이리 뛰고 저리 뛰었다. 그렇게 '어른들의 방관' 속에 사고를 당한 민호 군은 열흘간 중환자실에서 사투를 벌이다가 끝내 숨을 거두었다.

같은 해 1월 통신업체 고객서비스센터 해지방어팀, 일명 '욕받이 부서'에서 일하던 전주지역 특성화고 현장실습생 홍수연 양의 자살 사건이 일어났고, 연이어 여수지역 일반계고에 다니던 정군이 대기업 협력업체에서 일하다가 창고에서 스스로 목숨을 끊었다. 2016년 5월 구의역에서 스크린도어를 고치다 숨진 청년노동자, '구의역 김군' 사건의 주인공도 현장실습생으로 취업한 터였다. 비슷한 시기에 성남지역 외식업체 요리부서에서 일했던 특성화고 졸업생 김동균 군이 현장실습 시기부터 연일 이어지는 장시간 업무와 선임노동자의 괴롭힘에 시달리다가 스스로 생을 마감했다. 수프 끓이기 업무를 담당했던 동균 군은 3주 동안 병원을 네 번 방문해서 화상 치료를 받았지만 산재 보상을 받지 못했다. 2011년 기아자동차 광주공장에서 일하던 현장실습생 김군은 뇌출혈로 쓰러져 현재까지도 의식불명 상태다.

더 거슬러 올라가 2005년 여수지역의 현장실습생이 안전

장비 없이 엘리베이터를 정비하던 중 추락하는 사고가 발생한 것을 계기로 현장실습 제도의 문제가 전면에 드러났다. 그 이전에는 '현장실습생'이란 이름조차 얻지 못한 청소년 노동자들이 비명을 지르며 사라졌음을 짐작하기는 어렵지 않다. 1988년 7월 2일 온도계 공장에서 일하던 문송면 군이 수은중독으로 숨졌을 때 그의 나이 고작 열다섯 살이었다.

지하철을 고치다가, 자동차를 만들다가, 뷔페 음식점에서 수프를 끓이다가, 콜센터에서 전화를 받다가, 생수를 포장·운반하다가, 햄을 만들다가, 승강기를 수리하다가….

그러니까 우리가 먹고 마시고 이용하는 모든 일상 영역에 '알지 못하는 아이의 죽음'의 흔적이 남아 있다. 흩어진 사고의 기록을 모아놓으면 공통의 문제점이 보인다. 사회초년생으로서 초반 적응 시스템이 없이 현장에 투입됐다는 것, 기본적인 노동조건이 지켜지지 않았다는 것, 모두가 꺼려하는 일이 조직의 최약자인 그들에게 할당됐다는 것, 학교에서도 일터에서도 가정에서도 자신의 고통을 공적으로 문제 삼는 법을 배우지 못했다는 것이다. 안전교육을 받기보다 '이런저런 거 조심하라'는 식으로 말 몇 마디를 듣고 바로 업무에 투입되었고 욕설과 명령 등 비인간적인 대우에 노출됐다. 노동에 단련되지 못한 서툰 몸으로 야근까지 감당했다. 학습도 실습도 아닌 중노동에 심신이 극도로 피폐해진 상태에서 그들은 사고를 당하거나 자기 구제로서 죽음을 택했다.

아이를 뺀 세상은 지옥이다

영화 <걸어도 걸어도>에서 기키 기린은 아들의 묘를 찾아 이렇게 말한다. "자식 묘를 찾는 것처럼 힘든 일이 또 있을까. 나쁜 짓 한 것도 없는데…." 동준 군 어머니 강석경 씨도 자식의 묘를 등지고 서서 혼잣말처럼 중얼거렸다. "애보다 먼저 집에 있던 가스렌지, 냉장고 다 그대로 있는데…. 지만 없어…." 김동준 군의 유해는 양촌에 있는 외할아버지 산소에 뿌려졌다. 어디다가 무얼 해놓는 것도 엄마 입장에서는 이상했다. 동준 군이 두 살 때 돌아가신 외할아버지의 산소는 명절이나 기일 때마다 아이랑 들렀던 친숙하고 안전한 장소다. 할아버지 품에 있으면 아이가 덜 외로울까 싶은 마음도 있었다.

이민호 군은 제주의 한 추모공원 납골당에 잠들어 있다. 엄마 박정숙 씨는 납골당에 있는 아이의 증명사진에 대고 "거기서는 햄버거도 먹고 콜라도 먹고, 먹고 싶은 것 다 먹어"라고 했다. 그게 뭐라고 못 먹게 했을까, 한숨을 내쉬었다. 없는 살림에도 좋은 음식만 골라 먹이려던 세월이 허탈하다. 아빠 이상영 씨도 당부했다. "거기서는 착하게만 살지 말아라."

대개의 사람들은 가치와 의미가 충만한 인생을 추구하지만, 고통받는 이들은 늘 제자리를 지키는 냉장고처럼, 만만하게 먹을 수 있는 햄버거처럼, 평범하게 돌아가는 일상을 갈구한다. 아니, 일상을 떠받치는 사소해 보이는 존재와 행위와 말들이 얼마나 대단한지 뒤늦게 자각한다.

아이를 뺀 세상은 지옥이다. 무심한 햇살 한줄기조차 마음을 짓누른다. 민호 군 아버지도, 동준 군 어머니도 따로 인터뷰를 진행했지만 "햇빛을 보는 게 미안"해서 커튼을 닫고 있다는 말을 똑같이 했다. 동준 군 어머니는 아이가 쓰던 빗에서 머리카락을 뽑아 간직했다고 했다. 유일하게 만질 수 있는 아이 몸의 흔적이라서다. 그건 세월호에서 희생된 전수영 교사의 어머니 최숙란 씨가 쓴 책 『4월이구나, 수영아』에 나오는 내용이기도 했다. 어머니는 방을 쓸다가 딸의 머리카락이 나와서 모아두었다고 했다. 아이 몸을 만지지 못하는 슬픔이란 본디 남이 짐작할 수도 없고 그저 들을 수만 있음을 나는 이번에도 절감했다.

강석경 씨의 인터뷰 중 슬픔에 처한 사람과 관계 맺는 법에 대한 이야기는 개인적으로 가장 큰 공부였다. "슬픔에 대해 잘 모르는 이들을 용서하는 법을 배우는 것도 슬픔의 일부"(론 마라스코·브라이언 셔프, 『슬픔의 위안』)라는 말 뜻이 무엇인지 그는 긴 시간을 할애해 들려주었다. 자식을 잃고 매일 돌아오는 하루를 살아갈 용기를 내기까지, 세끼 식사를 차리고 세상에 복귀하기까지, 사람들이 모여 너나없이 자식 이야기를 하는 자리에 앉아 있기까지 2년 넘는 시간이 걸렸다. 사람들은 그에게서 자식을 잃은 슬픔을 보려 했다. 자식 얘기를 피했고 눈치를 살폈다. 그러나 그건 배려가 아닌 배제였다. 그는 자기 앞에서 아무도 자식 얘기를 하지 말라 요구하지 않는다. 자식을 키우는 희로애락을 말하는 것처럼 자식을 그리워하는 희로애락도 공평하게 말할 수 있기를, 느닷없는 눈물도 대화의 일부로 예사롭게 받아주기를 바랄

뿐이다. 기쁨을 말하듯이 슬픔도 심상하게 말하게 해달라는, 눈물도 일종의 말이라는 그의 요청은 이 슬픔의 시대에 공동체가 익혀야 할 삶의 기술이 아닐까. 기쁨을 나누는 일은 배우지 않아도 사는 데 무리가 없지만, 슬픔을 나누는 일은 반드시 배워야만 하는 사람의 일이라는 것을 강석경 씨를 만나면서 알았다.

나를 지키는 게 먼저다

나는 세상 사람들이 너무 많은 일을 하고 있으며, 일이 고결하다는 믿음이 엄청난 해악을 끼치고 있다고 본다. _ 버트런드 러셀

이런 상상을 해본다. 고 김동준 군이 네가 힘들면 회사를 가지 말라는 얘기를 부모에게 듣고, 취업은 다시 하면 된다는 말을 담임 선생님에게 들었으면, 그날 회사에 가지 않았을까. 그런 선택을 막을 수 있었을까. 남은 자들은 부질없는 시나리오를 쓰고 또 쓰고 거듭 고쳐 쓴다. 강석경 씨의 가장 큰 고통은 아이를 회사에 보낸 일이다. 아니, 특성화고에 보낸 일이다. 대기업이니까 좋은 회사일 것이라고 믿었던 일이다. 자식의 아픔을 알아차리지 못했다는 자책, "아이를 못 가게 했어야 했다"는 후회가 악몽처럼 반복됐다.

그런데 아이가 힘들다고 말할 때 그럼 회사를 가지 말라, 학교를 가지 말아라, 선뜻 말할 수 있는 부모는 존재하는가. 나도

그러지 못했을 것 같다. “아파도 학교 가서 아파라.” “쓰러져도 회사 가서 쓰러져라” 우리 세대는 그렇게 배웠고 그렇게 살았다. 힘들어도 참는 게 인생이라고, 가기 싫다고 안 가면 인생 낙오자가 된다고 들었다. 근면한 신체는 부모가 자식에게 물려줘야 할 유산이었다.

그런데 너나없이 몸이 부서져라 일하는 삶이 과연 누구에게 이득이었을까. 지금에야 그는 질문을 던진다. 아들을 잃고 묻는다. 묻고 또 물으면서 알게 됐다. 자기 일에 책임을 다하는 사람이 되는 것보다 자기를 돌보고 지키는 사람이 되는 게 더 중요하다. 힘들면 회사는 가지 않아도 된다. 나를 지키는 게 먼저다. 교과서에도 안 나오고 근로계약서에도 없지만 꼭 명심하라고 다른 동준이들 한 명 한 명에게 붙잡고 말해주고 싶은 마음이다.

강석경 씨는 세상 물정에 눈뜨고 남의 아픔에 귀를 열었다. 살면서 남에게 잘못한 것도 없는데 왜 자신이 이런 고통을 겪는지 가슴을 치고 또 치던 어느 날, 성경 말씀 한 구절이 짓이겨진 가슴을 부수고 들어왔다.

“죄를 지어야만 잘못이 아니라 선함을 행하지 않음이 잘못이다.”

폭풍 같은 눈물을 쏟아낸 그날 이후로 그는 버스 옆자리에 앉은 사람의 낯빛을 찬찬히 살피게 됐다. 다른 현장실습생 사고가 났을 때 조용히 장례식장에 다녀오는 사람으로 변했다. 자신이 잘못한 게 없는 게 아니라 크나큰 잘못을 하면서 살았다는 것을 알았다.

2018년 12월에 태안화력 비정규직 노동자 김용균 씨가 혼자 일하다가 기계에 낀 채 사망하고도 여섯 시간 만에 발견됐다는 뉴스를 본 뒤, 나는 일이 손에 잡히지 않아 애를 먹었다. 여전히 동준이들이 계속 생겨나고 있다는 사실에 분노하기에도 미안한 심정이었다. 필시 산재(산업재해) 사고로 자식을 잃은 다른 부모들은 또 한 번 자식의 죽음을 앓고 있을 게 뻔했다. 동준 군을 보내고 일 년간 술이 없으면 잠들지 못했다는 어머니에게 안부 문자를 넣었더니 답변이 왔다. "어찌 알았을까요. 오늘은 그냥 소주 마십니다. 한전 정규직들, 시험 한 번 잘보고 운 엄청 좋아서 공사 다니면 고맙고 감사한 줄 알아야 하는데 지들은 갑이고 협력업체는 옛날 노예인 줄 알아요. 연봉보다 더 많은 성과급 잔치를 하면서 당연한 권리인 줄 아는 나쁜 놈들. 이러면서 한 잔, 두 잔. 저 위가 바뀌면 뭔가 다를 줄 알았는데. 뭐 이래, 왜 이래…. 작가님, 힘내고 작은 신음소리라도 내보자고요."

2년 전 처음 인터뷰를 했을 때 강석경 씨는 자신과 같은 아픔을 겪는 부모들을 모아 유가족 모임을 만들고 싶다고 했다. 내 자식을 죽게 만든 이 잔인한 세상에 자신도 어른으로서 책임이 있음을 자각하고 신음소리라도 내길 원했다. '내 자식만을 위해선 내 자식을 위할 수 없다'는 걸 깨닫고 전국을 순회하면서 진실을 이야기하는 세월호 유가족처럼 그에게도 전달하고픈 진실이 한 줌 있었다. 그 진실이란 역사학자 후지이 다케시가 말한 아래의 내용과 닿아 있다. "유가족들이 계속 싸울 수 있는 것은, 그들이 '피해자'이기 때문이 아니라, 스스로가 가해자임을 깨닫고 자신을 가해자로 만든 위치에서 벗어나기를 선택했기 때문이다."(후지이 다케시, 『무명의 말들』)

그 마음을 전해들은 나는 민호 군 아버지 이상영 씨의 두 번째 인터뷰를 가는 길에 강석경 씨와 동행했다. 당시 민호 군 어머니는 우울증과 불면증으로 정신과 치료를 수개월째 받고 있지만 차도가 없었다. 민호 군 어머니가 동준 군 어머니와 만나서 같이 이야기라도 나누면 마음이 좀 나아질까 싶어서 만남을 주선했다. 제주도에서 처음 만난 그들은 손을 포개고 같이 웃고 울며 하루를 보냈다. 두 가족의 모임이 작은 불씨가 되었고, 이후 김용균 씨 어머니 김미숙 씨의 대외적 발언과 활동을 계기로, '산업재해 피해가족 네트워크 다시는'이 만들어졌다.

대전에 사는 강석경 씨는 최근 서울까지 나들이가 잦다. 지난 2월 20일 국가인권위원회에서 열린 '중대재해기업처벌법 제정연대 유가족과 함께 하는 기업처벌법 이야기마당'에 참여했다. 3월 9일 고 황유미 12주기 추모 문화제에도 왔다. 민호 군 부모의 옆자리에 강석경 씨도 나란히 자리를 지켰다. 고 김용균 씨 어머니 김미숙 씨의 추모 발언에 눈물짓고 황유미 양의 부모를 위로했다. 내 자식 같은 죽음이 다시는 없기를 바라는 부모들이 모이는 자리에 자신이 빈 의자 하나 채울 수 있으면 그것으로 족하다고 말한다. 아들을 보낸 뒤로 지독히도 더디 가는 시간을 보냈으니까, 덜 적적한 하루를 보냈으니까 그것으로 괜찮다.

그 사람의 작은 역사는 큰 역사가 된다

저는 작은 사람에게 마음이 갑니다. 저는 그 사람을 작으면서도 큰 사람이라고 부르는데, 그 이유는 고통은 사람을 크게 만들기 때문입니다. 그 사람 스스로 제 책들에 작은 역사를 털어놓으면, 그 사람의 작은 역사는 큰 역사가 됩니다. 우리에게 무슨 일이 벌어졌고, 또 무슨 일이 일어나고 있는지 아직은 이해가 되지 않기에 입을 열어야 합니다. 소리 내어 말을 하는 것으로 시작해야 합니다. _ 스베틀라나 알렉시예비치

이 책에는 아홉 명의 사람들의 목소리를 담았다. 현장실습생 김동준 군 이야기에서 출발하지만 다른 현장실습생들의 죽음이라는 사건을 나열하는 방식을 택하지 않았다. 이런 병렬식 이야기 구조에서 독자는 사회에 관한 지식을 축적하는 데 만족하기 쉬우며, 그것을 자기 자신의 문제로 받아들이기보다 '사회구조' 운운하면서 비판의 포즈를 취하게 되는 한계가 있기 때문이다.

1부는 김동준 군을 중심으로 엮었다. 엄마 강석경 씨는 동준 군 이야기를 상세히 들려주었다. 어떻게 자식을 키웠고 키울 걸 그랬는지 회상과 한탄을 오가는 말들은 한 사람으로서 어떻게 살 것인가에 관한 본질적 물음에 이르렀다. 동준 군 이모 강수정 씨는 시민단체 활동가로 일했던 경력이 있다. 급작스레 발생한 동준 군의 죽음을 사회적 이슈로 끌어낸 과정을 들려주었다. 김기배 노무사는 동준 군 사건을 맡았던 노무사로, 국내에서 최

초로 현장실습생 자살을 산재 사고로 승인받아냈다. 일하는 사람들의 숱한 사고와 죽음을 목도하는 그를 통해 이 사회에서 존엄한 노동은 어떻게 가능한가, 질문을 던져보았다. 동준 군이 마지막으로 문자를 보낸 담임선생님, 그리고 친구들은 인터뷰 요청을 고사했다.

2부는 김동준 군 사건 이후를 살아가는 사람들을 중심으로 엮었다. 이민호 군 아버지 이상영 씨는 현장실습생 문제가 반복되는 구조를 짚었다. 특성화고 교사 장윤호 씨는 공고에서만 20년을 몸담았고 노동인권 강사로도 활동한다. 특성화고에서 만난 아이들, 취업 사정 등 복잡하게 얽힌 현장의 경험담을 들려주었다. 특성화고 재학생 임현지 씨는 특성화고 진학 이유, 학교생활과 취업 이후 계획을 이야기했다. 졸업생 서동현(가명) 씨는 고2 때부터 현장실습을 했던 경험 위주로 이야기를 풀어냈다. 또 다른 졸업생 이은아 씨는 '전국특성화고졸업생노동조합' 위원장이다. 지역의 여상에 다니는 학생의 위치에서 바라본 취업의 세계와 조직에 참여하게 된 계기, 특성화고 졸업생의 전반적 상황 등을 들려주었다.

그 겹겹의 이야기 속에서 독자들은 살면서 만나본 적 없는 존재, 잘 알지 못하는 아이인 특성화고 학생이자 현장실습생을 피가 돌고 영혼이 깃든 온전한 존재로 만나고 그들과 자기 삶의 연결고리를 발견하게 되기를 바랐다.

나는 개인적으로 그간 현장실습생 사고가 일어날 때마다 어째서 특성화고 교사의 목소리가 들리지 않는가 의아했다. 교사들의 활동이 전혀 없었던 게 아니다. 전교조에서 성명서가 나왔지만 매스컴에서 비중 있게 다루지 않았고 나도 적극적으로 찾아보지 않아서 몰랐던 것뿐이다. 이번 책 작업에서 인터뷰이 섭외는 전반적으로 어려웠는데, 특성화고 교사 섭외에 특히 난항을 겪었다. 여기저기 기웃거리며 묻고 다니던 중 한 특성화고 교사를 통해 학생들의 노동인권을 생각하는 교사 모임 '청소년 노동인권을 당당하게'(cafe.daum.net/bluenodong) 카페를 알게 됐다. "학교에서 만나는 수많은 아이들은 이미 노동을 하고 있거나 실습을 통해 노동현장에 나가거나 졸업 후에 바로 노동자가 됩니다. 그러나 정규 교육과정의 부재, 교재의 미비 등을 이유로 학교에서 노동인권 교육은 학생들에게 충분히 제공되지 못하고 있습니다. 학생들의 노동인권을 생각하는 교사 모임은 이런 문제에 공감하는 선생님과 함께 교사와 학교가 해야 할 일을 고민하고 실천하고자 합니다." 이런 취지를 밝히는 모임이었다. 이 교사 모임에 노동인권 교육을 하러 온 장윤호 교사를 소개받아 인터뷰를 진행했다. 더 많은 교사들이 이런 모임에 참여하고 목소리를 내기를 바라는 마음에 소개한다.

청소년 노동, 역사적으로 사라진 적 없다

나는 이번 책 작업을 위한 인터뷰에서 특성화고 재학생 임현지 씨, 졸업생 서동현 씨와 이은아 씨의 이야기를 직접 들은 것이 무엇보다 뜻깊었다. 청소년 노동에 대해 '안쓰럽다' 혹은 '보호해야 한다'고 막연히 생각하던 나 같은 어른의 입장이 왜 문제인지를 알았다. 그건 청소년을 동료시민으로 보지 않는 '친절한 차별주의자'의 태도에 다름 아니다. 청소년이 당당한 노동의 주체라는 것을 인정하면 현장실습생 문제가 그들만의 문제가 아님이 드러난다.

청소년 노동을 다룬 책 『나는 무슨 일 하며 살아야 할까?』에서 배경내 인권활동가는 "청소년이 일터에 있는 모습은 사회적으로 가려져 있다"며 "역사적으로 청소년 노동이 사라진 적은 한 번도 없다"고 말한다. 특히 일을 해도 먹고살기 어려운 '노동 빈곤층'이 갈수록 많아지고, 독립적 삶에 대한 청소년들의 욕구가 커지고 있는 최근에는 일하는 청소년이 늘 수밖에 없다는 것이다. 그런데도 (알바 노동자부터 현장실습생까지) 청소년이 받는 부당한 대우는 사소한 문제로 치부되거나 잘 보이지 않는다고 지적한다. 청소년은 노동의 주체로 존중받기 어렵다. 이에 대해 배경내 인권활동가는 질문을 던진다. 청소년이 일터에 있는 모습이 비정상적일까? 노동은 꼭 해로운 것인가?

대략의 내용을 정리해보면, 일자리는 소득을 얻는 수단일 뿐 아니라 어깨를 펴고 사회 구성원으로 진입하는 길이기도 하다. 어떤 일이든 노동을 통해 새로운 경험을 쌓는다. 노동이 원래 나쁘거나 해로운 것이 아니고 세상을 넓혀가는 기쁜 과정일 수 있다. 노동조건이 나쁘다면 청소년이나 성인 모두에게 유해할 텐데 사람들은 노동조건을 문제 삼지 않고 청소년이 일하고 있다는 사실 자체를 문제 삼는다. 문제의 원인을 청소년이 아니라

'노동조건'에서 찾아야 한다. 청소년 노동자들의 인권 수준이 높아지면 우리 사회 전체 노동자들의 인권 수준도 높아질 수 있다는 것이다.

임현지 씨, 서동현 씨, 이은아 씨도 특성화고 재학 중에 아르바이트 노동자로, 도제 제도의 학생으로서 십대에 노동자가 되었다. 일은 좀 힘들어도 스스로 돈을 버니까 '부모의 간섭'을 벗어나서 좋다고, 어른이 된 것 같아 뿌듯하다고 말했다. 연구개발을 하겠다고 했고, 재테크를 해보고 싶다고도, 돈을 모아서 유학을 가겠다고도 했다. 그들은 '어린 나이'에 돈벌이에 나서야 하는 측은한 학생이 아니라 경제적 독립을 이룬 한 존재로서 여느 노동자들과 마찬가지로 나쁜 사람에게 실망도 하고 좋은 사람에게 배움도 얻으면서 제 방식과 속도로 성장하고 있었다. 배경내 인권활동가가 강조하듯이, 문제의 본질은 청소년 노동을 악용하는 어른들이고 존엄한 노동을 불가능하게 하는 사회 시스템이지 청소년 노동 그 자체는 아닌 것이다.

우리는 모두 잠재적 실패자다

이 사회가 해결할 문제는 존엄한 노동조건이 보장되지 않은 상황에서 '특정 계층'의 아이들이 계속 노동현장에 유입되어 희생되는 부분, 즉 계급의 불평등이 심화되는 것이다. 특성화고 중에서도 가장 낮은 서열에 속하는 학교에서 주로 재직한 장윤호 교사의 생생한 증언은 이를 뒷받침한다. 김기배 노무사도 취약한 노동자들이 내몰리는 노동환경의 문제점을 지적하고 '여린 이들을 섬세하게 대할 수 있는 사회'의 필요성을 설파했다. 민호 군 아버지 이상영 씨도 심화되는 구조적 불평등 문제에 비판의 목소리를 높였다. 그는 기계 고장으로 인한 민호의 죽음을 고용노동부, 교육부, 안전보건공단 그 어디서도 제 책임으로 여기지 않고 떠넘기기 하는 상황에 분통을 터뜨리며 말했다. "그 사람들은 자기 자식 새끼들만 안 다치고 시간만 때우면 돼요. 그 사람들이 잘하는 소리가 있죠. '저도 애 키우는 부모입니다.' 그건 맞지. 그런데 자기 애가 죽은 게 아니잖아요." 이제 그는 대한민국에서는 돈 없는 사람은 절대 애를 낳지 말아야 한다는 신념을 갖게 됐다. "돈 없고 힘없는 사람을 위한 정책은 안 나와요. 왜? 정책을 만드는 사람은 다 힘 있는 사람이에요. 나올 수가 없어요."

한국의 산재 사망률은 경제협력개발기구(OECD) 회원국 중에서 2006년과 2011년을 제외하고 23년간 '1위'를 기록하고 있으며, 현장실습생 사고가 그치지 않는 데는 민호 군 아버지의 말대로 세상을 바꿀 이유가 없는 사람들이 세상을 바꿀 힘을 너무 많이 가졌다는 현실에 원인이 있을 것이다.

이에 대한 문제를 지적한 『일터괴롭힘, 사냥감이 된 사람들』의 일부분을 옮겨본다. "많은 통계가 보여주듯 빈곤은 대물림되는 사회적 지위가 되었다. 상당수가 빈곤과 학력 때문에 열악한 환경 속에서 불안정 노동자로 노동을 시작한다. 또 그런 환경이 대물림된다. 문제는 이것을 당연하게 여긴다는 점이다. 존엄한 노동을 할 가능성을 열악한 경제적 배경 탓에 빼앗겼다는 사실을 부인한다. (…) 스펙을 갖추지 못했으면 열악한 환경을 당연하게 받아들여야 한다고 여긴다. 사회적 책임은 정산되지 않고 개인의 책임만 정산된다. 출발의 부정의함은 생각조차 않고, 부당한 노동관계를 노력 부족에 대한 처벌로 여긴다. 처벌로 간주되기에 열악한 환경은 개선 없이 방치된다. 노동조건 자체가 모욕이자 총체적 괴롭힘이 된다." 그러나 저자 류은숙 활동가의 말대로 전체 사회로 보면 이런 문제는 모든 노동자에게 해당된다. "존엄한 노동의 보장을 사회문제나 사회의 책임이 아니라 자신을 책임지지 못한 개인에 대한 처벌로 여기는 사회에서는 누구도 자유로울 수가 없"는 것이다.

그렇다. 청소년 노동이 보호받지 못하는 노동환경과 문화에서는 누구의 노동도 안전하지 못하다. 장윤호 교사는 "우리 사회의 가장 낮은 지점을 채워줘야만 다른 사람들이 같이 좋아진다"고 말했다. 또한 현장실습생이 아니더라도 이직을 하거나 새로운 부서에 발령받거나 안 하던 업무를 맡은 경우 낯선 환경에 던져져 현장실습생이 된다. '적응'이라는 이행기를 거쳐야 한다. 이처럼 사회 구성원으로서 모두가 '잠재적 실패자'로서 자신의 위치를 수용한다면 현장실습생의 죽음이 더 이상 신문에서나 보던 얘기가 아니게 된다. 모든 존재가 연결되어 있다는 말은 살면서 그다지 실감하기 어려운 명제지만, 자기 아픔을 용기 내어 이야기하면 타인의 아픔이 들리기 시작하고 모든 존재의 고통이 연결돼 있음을 실감하게 되기 때문이다.

나는 겸손한 목격자다

현장실습생의 잇단 죽음은 특성화고 아이들의 '세월호'나 다름없었다. 이를 둘러싼 사람들을 인터뷰한다고 했을 때 나는 주변에서 격려와 우려의 말을 동시에 들었다. 큰 아픔을 겪는 사람들의 이야기를 듣는 게 간단치 않을 것 같다는 염려의 목소리도 있었다. 그런데 이 작업이 힘들기는 했지만 힘들지만은 않았다. 울기도 했지만 웃기도 했다. 자기 아픔을 남에게 이야기하는 사람은 어떤 면에서 씩씩하다. 자기 불행을 마주하는 내면의 힘을 가진 사람들이다. 그런 존재와 마주하는 것 자체가 내게 힘이 됐다. 누군가 나를 믿고 자신의 아픔을 내어주는 일은 나를 숙연하고 의젓하게 만들었다. 다 잃은 (것 같은) 절망에서만 삶이 내어주는 진실이 있기에 타인의 아픔을 듣는 일은 삶의 중핵에 다가가는 귀한 체험이기도 하다. 무엇보다 아픔의 이야기 끝에는 배움의 이야기가 꼭 딸려나왔다. "삶은 우리를 저버리지 않습니다. 우리가 삶을 저버릴 수 있을 뿐이지요. 어떤 유형의 삶이든 우리에게 뭔가를 가져다줍니다"라는 중국 소설가 위화의 말이 떠오르는 순간이었다.

물론 극단의 불행은 사람을 질식시키기도 한다. 나는 책 작업을 진행하면서 '구의역 김군' 사건의 유가족을 만나보고자 했지만 연락이 닿지 않았다. 김군의 어머니는 아직 충격에서 헤어나오지 못하고 쓰러져 있는 중이라는 소식을 들었을 때는 눈물이 한없이 쏟아졌다. 자식의 처참한 마지막 모습을 기억하고 살아야 하는 엄마의 심정은 가히 짐작키 어려웠고, 실은 짐작하고 싶지 않았던 것 같다. 그 두려운 진실에 직면하자 속수무책 마음이 무너졌다. 다행히도 최근에 산재 피해자 유가족 모임을 추진하던 민호 군 아버지 이상영 씨가 김군의 아버지랑 전화 연결이 됐다. "둘이서 40분을 통화하면서 같이 울었다"고 전해주었다. 김군의 아버지는 차츰 마음을 추스르면 유가족 모임에도 나오기로 했다고 한다. 부디 기운 내시길 기도하는 마음이다. 2년여에 걸쳐 인터뷰를 진행하는 동안 크고 작은 변화가 있었지만, 산재 피해자 유가족 모임이 결성된 게 가장 기쁘다. 아이들의 첫 노동을 당당하고 존엄하게 보장하는 일은 차차 풀어가야 할 문제겠지만, 우선 자식을 잃은 부모들이 서로 의지할 정서적 거점이 마련되어 얼마나 다행인지 모른다.

『알지 못하는 아이의 죽음』의 본문은 인터뷰이의 목소리를 그대로 실었다. 두세 배 분량의 인터뷰 원본에서 무엇을 남기고 무엇을 지울 것인가는 글 쓰는 사람의 선택이다. 최종적으로 기록한 목소리 자체가 필자의 관점이고 의견의 반영이다. 그렇기에 책 작업을 하는 동안 나는 자주 주춤했다. 뒤로 물러섰다. 내가 이 작업을 할 자격이 있는지, 잘하고 있는 것인지, 지식이 부족한 건 아닌지, 두렵고 혼란스러워 문득 도망치고 싶었다. 그럴 때 다나 해러웨이의 『한 장의 잎사귀처럼』에 나오는 '겸손한 목격자'라는 표현을 떠올렸다. "'목격'은 보는 것이고, 증언하는 것이며, 서서 공공연하게 자신이 본 것과 묘사한 것을 해명하는 것이며, 자신이 본 것과 묘사한 것에 심적으로 상처받는 것이지요.

(…) 목격하는 사람들은 모두 죽어야 하는 존재들이고, 틀리기 쉬우며, 무의식적인, 부정된 욕구들과 두려움들로 가득 찬 사람들이에요."

나는 겸손한 목격자다. 이렇게 생각하니 마음이 편해졌다. 매순간 생각과 감각이 달라지는 유동적이고 틀리기 쉬운 취약하고 불완전한 한 존재가 또 다른 약한 존재의 삶의 이야기를 보고 듣고 기록한다는 마음으로 임했다. 나의 최선이 결과의 최선이 되도록 노력했다. 어떤 문학적 재능이나 사회학적 지식보다는 자기 판단을 내려놓는 겸손함과 듣고 또 듣는 성실함으로 할 수 있는 작업이었기에 가능했다. 어느 자리에서 만난 김용균 씨 어머니 김미숙 씨는 '현장실습생 르포집'을 준비한다는 말에 사슴처럼 크고 선한 눈망울로 나를 보며 내 손을 잡고 말했다. "잘 써주세요." 어머니의 눈빛을 기억하며 막바지 힘을 냈다.

이 작지만 큰 사람들의 목소리가 우리 삶을 숙고할 수 있는 기회가 되어주기를, 이미 노동자이거나 언젠가 노동자가 될 아이들에게 존엄을 지키는 노동의 가치관을 심어주기를, 잘 알지 못하는 사람들에 대한 편견을 조금씩 지워주기를, 지금까지와는 다른 삶도 괜찮다는 가능성의 메시지가 되었으면 좋겠다.

2019년 6월

은유

1부

김동준

내일 난 제정신으로
회사를 다닐 수 있을까요?

김동준

살아 있으라, 누구든 살아 있으라

__ 기형도

열여덟 살의 자기소개

보통의 자기소개서라 하면 번지르르한 수식어들을 사용하여 자신을 뽐내겠죠. 그러니 저도 그렇게 자신을 수식해보겠습니다.

우선 저는 외관으로 보기에 덩치가 매우 큽니다. 남들은 저를 보고 뚱뚱하다, 덩치만 크다고 비웃습니다. 사실, 초등학교 때부터 별명이 '날으는 돈가스'였습니다. 애들이 귀찮게 놀렸습니다. 그래서 중학교에 입학할 때 지원 가능한 두 곳 중에 그 애들이 가지 않는 학교를 일부러 갔습니다. 저를 놀려먹어서 별로 안 보고 싶었습니다. 떨어지는 것도 방법이라고 생각했지요. 고등학생쯤 되니까 애들이 저를 왜 놀렸는지 알게 됐습니다. 제 생각엔 그들은 덩치가 커서 위엄이 있는 저를 한 면이라도 이기려고 저를 비웃는 것입니다.

큰 덩치와 키는 저에게 강한 자신감을 주는 요소입니다. 앞에서 뭔가를 발표할 때 저는 큰 덩치로 관중을 제압합니다. 정신 팔지 않고 제 주장을 잘 들을 수 있게끔, 그들이 저를 보게끔 만들어냅니다. 하나를 더 말씀드리자면 강렬한 인상 역시 한몫합니다. 보통 저를 한 번 만난 사람은 제 얼굴을 잘 잊지 않습니다.

저는 또 주변에서 '인내심 있다', '착하다', '기다릴 줄 안다'라는 말을 자주 듣습니다. 친구들은 이 점을 보고 제가 '멍청한 순딩이'라고 욕을 합니다. 확실히 말해야 할 것을 참고 속으로 꿍쳐놔 속으로만 앓고 있는 경우가 많습니다. 하지만 저는 이런 성격 때문에 소심해지는 면도 있지만 가만히 앉아 상대방의 얘기에 귀 기울이는 자세 또한 가지게 되었습니다.

이와 같이, 남들이 좋지 못하게 여기는 여러 단점들을 저는 저만의 장점으로 승화시켰습니다. 자신의 현 상황에 안주하지 않으며 단점을 장점으로 바꿔나가는, 저는 그런 사람입니다.

외식 시켜주는 아빠, 못 하는 요리가 없는 엄마

아버지는 회사에 다닙니다. 말이 좀 없으시지만 제가 원하는 걸 할 수 있게끔 묵묵히 지원해주시고 잘 웃으시는 분입니다. 평소에는 집에 들어오자마자 씻고 바로 주무시지만, 주말이나 쉬는 날에는 집에서 저랑 얘기하려고 하시고 외식을 하자고 자주 권해주십니다. 그럴 때마다 어머니가 뭔 자꾸 외식이냐고 토를 다시죠.

어머니는 예전에 간호사로 일하시다가 결혼 후에는 세무서에서 근무하셨고 이제는 전업주부로 계십니다. 재작년에 요양보호사 자격증을 취득하신 후에는 요양보호사로 자주 나가시다가 교통사고를 당하시고 집에만 계시게 되긴 했습니다. 평소에는 집에 저랑 같이 계셨는데 제가 기숙사 생활을 하게 되면서 평일은 대부분 집에 혼자 계시게 되어서 죄송한 마음이 듭니다. 한식·중식 요리사 자격증도 가지고 계시고 실제로 못 하는 요리가 없으십니다. 간호사로도 근무하셨던 터라 잔병이나 꾀병도 잘 알아보시죠. 주말에는 항상 제 옆에 계시면서 같이 티브이를 보거나 밥을 먹습니다.

엄마가 맛있는 요리를 많이 해주셔서 저는 방학 때 집에 있으면 몸무게가 늘어납니다. 이번 겨울방학에도 90kg대가 넘었습니다. 고등학교 2학년 끝날 때는 몸무게 80kg이 단기 목표입니다. 취업 준비도 해야 하니까 이번 기회에 확실히 감량하려 합니다. 빼서 나쁠 것도 없고 요즘 몸은 자기 관리가 그대로 드러나는 요소라고들 하니까요. 계속 소홀했던 나 자신에 대한 관리를 하겠습니다. 살도 조금씩 빼고 책도 더 많이 읽어 나 자신을 가꾸는 데 힘써야겠습니다.

나의 꿈, 프로그래머

제가 동아마이스터고에 온 이유는 저의 꿈 프로그래머를 위해서입니다! 컴파일러에 다양한 수식과 변수 등을 넣어 프로그램이 그대로 움직이게 해주는 일을 하면 PC 안의 창조주가 된 기분일 것입니다. 프로그래머를 저의 꿈으로 설정해 중2 때부터 달려오고 있습니다. 우선 1차적 목표로 제가 프로그래머로서의 모습을 갖추고 나면 저는 제가 그토록 좋아하는 게임, 게임을 만들어보고 싶습니다.

또 저는 학교생활에 큰 불만이나 싫은 점을 가지고 있지 않습니다. 초등학교 때부터 이랬던 탓에 애들이 싫다고 해도 전 큰 불만을 느끼지 않았습니다. 애들이 막 이게 싫다, 저게 싫다 하면 호응을 해주긴 하지만 전 크게 불만을 느끼지 않습니다. 선생님과 학생이라는 자리에 확실한 경계가 있다고 할까요. 항상 그랬습니다. 설령 선생님이 저를 꾸짖는다 한들 그건 확실히 제 잘못이 맞기 때문에 겸허히 수용하는 편입니다.

드디어 저는 고3이 되었고, 그해 가을에 CJ그룹 입사가 결정됐습니다. 프로그래머의 꿈을 이루기 위해서는 잘 맞는 기업이라서 선택했습니다. 설레는 마음으로 신입사원 연수를 받았습니다. 사회에서의 대인관계는 항상 궁금했던 점입니다. 가족이나 학교에서의 관계는 웬만큼 안다고 생각하지만 사회는 겪어본 적이 없어서 좀처럼 어떻게 해야 하는지 감이 전혀 안 잡혔거든요. 그걸 배울 수 있어서 좋았습니다. 비즈니스 에티켓도 배웠습니다. 예절은 어렸을 때부터 익히 배워와서 자신이 있었지만 이 시간을 통해 사회의 예절은 많이 어렵고 다르다는 것을 느꼈습니다.

그리고, CJ 진천공장에서 보낸 겨울

차라리 죽었으면 편했을걸, 나는 왜 시발, 살아 있어서 술을 억지로 마셔야 하죠? 회식 자리에 이끌려와 강제로 술 마시면서 노래 부르고 다른 사람 있는데도 춤춰야 하고 도대체 내가 내 의지로 할 수 있는 게 없는 이곳에서…. 1분 1초라도 여기서 더 살려면 강한 게 필요해요.

내가 뭘 잘못해서 엎드려뻗치고, 신발로 머리 밟히고 까이고 당해야 하나요.

사실 신고해서 일이 커진다고 하면 어제 같이 맞았던 형이 자기가 증인이 돼주겠다고 하셨는데…. 상처는 없어요. 나랑 같이 맞았던 형 입술이 터지긴 했지만요.

선생님, 회식 2차를 안 간다고 하니까 따로 불러서 나는 좋아서 하는 줄 아냐고, 일단 들어가서 마시라고 한 적도 있고요. 솔직히 정말 약한 소리지만, 너무 무서워서 아침에 출근하기가 싫어요. …뭘 어떻게 하고는 싶은데 그 형이 "말하면 회사 못 다니니까 말하지 마라"라고 하셔서 말하기도 무서워서…. 선생님한테 먼저 말씀드리는 거예요. 엎드려뻗치라고 한다거나 좀 군대 같이… 하려는 분이라서 더…. 진짜 나약한 소리지만 회사 다니기가 이렇게 싫어질 줄 몰랐어요.

선생님이 그러셨죠. 선배가 몰라도 세상을 너무 모른다고요. 제가 피해자가 되지 않도록 인사 담당자와 통화를 할 테니 걱정하지 않아도 된다고요. 그런데 아, 선생님 그, 조용하게 어떻게 알리지 않을 방법이 없을까요? …시선 같은 게 두려워서요. 선생님은 제가 피해를 입어서는 안 된다고, 그 선배와는 같이 일할 수 없다고, 그 같은 부류의 사람들은 조용히 넘어가든 크게 넘어가든 도저히 개선이 안 되는 부류라고, 월요일에 모든 것을 포함해서 인사 담당자와 이야기해본다고 하셨죠. 다른 회사에서 그렇게 넘어갔다가 피해를 당한 학생들 사례가 있어서 이번엔 선생님도 참는 것이 잘한 것이 아님을 알게 되었다고요. 하지만, 저는 그게 더 걱정이에요. 선생님이 말씀하시면 저는….

사실 이 형은 이전에도 2차 빠지는 나를 불러다 욕하면서 마시다 나가든가 하라며 강제로 회식 자리에 가게 하기도 했고, 마음에 안 드는 행동을 하면 밤에 불러서 짜증 나니까 하지 말라고 협박을 두세 번 정도 한 적이 있어요.

오늘 터져버린 건, 근무 중에 제가 실수를 해서 그 형이 제가 하던 일을 하게 됐거든요. 일 끝나고 나서 저를 부르더니 그랬어요. "너 시발, 그건 아니지 않냐. 네가 실수한 걸 왜 내가 치워야 하냐? 제대로 해라. 진짜 너 때문에 내가 미친다. 진짜 제대로 해라. 네가 실수한 거 내가 치우지 않게 해라."

이게 조언이라면 조언일 텐데 상황이 좀 그래서 저는 듣고 난 후에 벌벌 떨면서 청소도 제대로 못 하고 있었어요. 그런데 그 형이 또 다가왔어요. "장난 치냐, 진짜. 와, 너."

아직도 일하다 보면 그 형님이 회식 자리에서 저를 때리면서 "내가 왜 너희들 때문에 맞아야 하는데!"라고 소리치던 얼굴이 떠올라요. 미칠 것 같아요.

그런데 그것이 잘못됐나요? 사람들에겐 각자 삶의 방식이 있어요. 맞붙어야 한다고 생각하는 사람도 있고, 그저 도망치기만 하고 싶은 사람도 있어요. 결과가 어떻든 그 선택은 존중받아야 한다고 생각해요. 비록 시선은 안 좋겠지만요. 스스로를 약자로 정의하고 도망가는 비겁자로 보일 수도 있어요. 틀린 말은 아니에요. 전 비겁하니까…. 맞서보기도 전에 겁부터 먹었습니다.

저는 약자예요. 발걸음을 향하는 지금 이 순간도 너무 겁이 나요. 그래도 눈물은 나지 않아요. 슬픔에 무딘 것이 이럴 땐 장점인가. 약한 소리입니다. 자신감이 하나도 없는 약자의 소리…. 엉엉 울기만 하고 언제나 피하기만 하는 약자의 변명. 저는 약자로서 자랐고 약자로서 행동해왔기에, 이 기준은 변하지 않을 거예요.

저는 너무 두렵습니다.

내일 난 제정신으로 회사를 다닐 수 있을까요?

내일 인사과에 나를 때렸다는 사실이 전해질 텐데…. 저는 과연 그 형의 반응을 버텨낼 수 있을까요? 내일이 되면 회사에 모든 게 알려지겠죠. …그럼…, 음…, 괴롭힘 당하고 당하고 당하고 당하고 당했던 사람이기에. 변해야 했지만 결국 변하지 못하고 똑같이 반복해요.

선생님…, 저 무서워요….

1월 20일 0시 9분, 동준 군은 담임교사에게 문자를 보냈다. 같은 날 9시 13분, 담임교사는 "걱정하지 마. 네 뒤에 샘이 있잖아"라고

답장을 보냈지만 7시 47분경 투신한 동준 군은 문자를 확인하지 못했다.

* * *

사건 당일 새벽 두세 시경 잠결에 전화를 받았습니다. 옥상에 있다며, 회사 일로 힘들다고 3, 40분 정도 통화를 했습니다(이전에도 옥상에서 전화한 적 있음). 며칠 전 회식에서 구타가 있었다, 덩치가 크고 열심히 일하려고 하는데도 못한다고 멸시받는다, 못 피우는 담배도 억지로 피우게 한다며 직장 선후배 관계의 어려움을 이야기했고, 저는 담임선생님께도 말씀드렸고 하니 걱정하지 말라고 조언했습니다.

난간에 걸터앉아 통화하는 느낌을 받았습니다. 숙소로 내려가 잠을 자도록 다독였고, 옥상 철문이 닫히는 소리를 듣고 내려가는 걸로 알고 통화를 종료했습니다. 그것이 마지막 통화였고, 사건 소식을 들었습니다.

동준이는 회사에 들어간 2013년 가을부터 힘들다거나 자기가 못났다는 등 우울한 이야기를 많이 했습니다. 평소 자존감이 많이 낮다는 느낌을 받았는데, 회사에 들어가서 더 힘들어했던 것 같습니다. 본인이 큰 덩치에 비해 일을 못한다고 멸시받는 것을 힘들어했습니다. 직장 선후배 관계, 회식 사건, 억지로 담배를 배우게 하려는 것 때문에 회사에 적응하기 힘들어했고, 이 문제가 발생하는 게 모두 자기가 못났기 때문이라 생각했던 것 같습니다. 회사 일로 힘들어하고, 회사 내 인간관계 때문에 스트레스를 받았습니다. 결국 회사 내에서 동준이가 그런 선택을 했다는 것 자체가 회사 문제가 아닌가 싶습니다.

_ **강성훈(트위터 친구)**

동준이가 억울해서 울었다고 하는데, 분명 서러워서 울었을 거라는 생각이 들었습니다. 그렇게 울고 있던 동준이에게 그 동기 형이란 사람이 와서 더 때렸다고 합니다. 직장 상사나 회사에 도와달라고 하지 않은 건 저희 신분이 학생이라서 담임선생님이 먼저 떠올랐기 때문이라 생각합니다. 저라도 담임선생님께 먼저 고민을 이야기했을 것 같거든요. 왜냐하면 회사나 상사에게 이야기하면 문제가 해결되지 않고, 더 큰 문제를 불러왔을 거라 생각해요. 회사 사람들이 다 알게 되면 보호를 받지 못할 테니까요.

동준이는 회사 다니기 전과 다르게 지쳐 있었고 피곤해 보였어요. 덩치 큰 동준이가 견디기 힘들 정도로 일이 많았던 것 같아요. 다른 사람들이 제일 제당에 왜 안 들어가는지 알겠고, 동준이가 나보고 안 들어간 게 정말 다행이라고 했습니다. 동준이가 안 피우던 담배를 피우는 모습을 보면서 회사 일이 많이 힘들고 어렵구나 생각했습니다. 아마 회사에 자기 또래가 없고 친한 사람이 없어 더 힘들었을 거예요. 말 터놓을 사람이 없었어요. 원래 동준이가 말을 많이 하는 편이 아니라서, 회사 일에 대해 많이 이야기하지 않았습니다. 그런 아이가 회식 이야기를 하는 걸 보고 놀랐을 정도예요. 부모님께 힘들다고 말씀을 드렸는데 집에서 버티라고 해서 그만둘 생각을 못한 것 같습니다. 기대에 부응하려고 버티면서 회사생활을 무척 힘들어했습니다. 회사 작업량과 기숙 생활 모두 힘들었을 겁니다.

저도 같은 학교에서 열 명이 동기로 취업했다가 지금은 저 혼자밖에 안 남았습니다. 그런데 동준이에게는 같은 또래 동기가 없어서 더 힘들었을 것 같습니다.

_ 정래관(학교 친구)

이 글은 김동준이 고2 때 쓴 자기소개서, CJ 신입사원 연수 노트, 개인 트위터에 남긴 기록을 바탕으로 재구성했고, 친구들의 증언은 이 사건을 담당한 노무사의 산재판결문에서 인용했다.

선한 일을
하지 않은 게 죄예요

강석경(김동준 어머니)

나는 비애로 가는 기차 그러나 나아감을 믿는 바퀴
__ 허수경

이게 얘깃거리가 되나요. 아픈 얘기잖아요. 개인의 역사, 가정의 역사, 국가의 역사에서도 좋은 부분만 있는 건 아니에요. 인생은 잘되는 것도 있지만 잘 안 되는 것도 있고, 배신, 치욕, 수치 이런 부분들이 엮여서 하나가 돼 흘러가는 건데, 저부터도 그랬고 사람들이 그렇게 생각하지 않아요. 아이가 대학교 졸업하고 좋은 회사 취직하면 "아, 그 집 아들 잘 키웠어", "자식 농사 성공했어" 그러죠. 저는 그런 거 얘기만 하려고 해도 눈물이 막 나와요. 왜냐하면 난 못 했으니까(눈물).

예전에 아버지가 해준 얘기가 생각나요. 감나무에서 감꽃이 떨어지고 열매가 나는데 못 크는 감은 우수수 떨어진대요. 아버지가 떨어지는 건 둬야 한다고, 붙어 있어도 못 자란대요. 사람도 그렇게 떨어지는 건가, 그런 건가. 그러면 어떻게 자식을 낳아서 키워야 되는 건가….

이런 사건이 계속 일어나잖아요. 구의역 김군 사건도 있고, CJ 조연출 이한빛 씨도, 전주 콜센터 학생도 스스로 목숨을 끊었어(2016년 10월, tvN 신입 PD 이한빛은 과도한 업무와 비정규직 스태프 해고 문제, 사내 폭력으로 괴로워하다 스스로 죽음을 택했고, 2017년 1월, LG유플러스 콜센터 전주센터에서 일하던 현장실습생 홍수연은 업무 스트레스로 목숨을 끊었다). 이제 막 사회생활 시작한 열아홉, 스무 살 그 어린 아이들을 회사에서 어떻게 이렇게 취급을 하냐 이거예요. 다 아이들 부모고 삼촌이고 형뻘인 어른들인데.

구의역 현장에 갔다 오기도 했어요. 내 자식은 아니지만 남의 자식이라도 아픈 게 똑같아요. 이런 일이 자꾸 생기는데 가만히 있어도 되냐는 거예요. 그 사람을 위해 내가 울어주는 것 말고 할 수 있는 게 뭘까. 이십대면 뜻을 세울 나이인데, 그 좋은 시기에 그냥 무너져내려요. 그런데도 그렇게 가는 아이들만 손가락질하고 그 아이 탓으로 몰아가요. 이 사회를 바꿀 수 없는 거예요.

제2의 동준이가 안 나오려면 뭐라도 해야죠

책 작업 제안이 들어왔을 때, 어쩌면 동준이가 세상을 치유할 기회가 될 수 있겠다고 생각했어요. 제2의 동준이가 안 나오게 하기 위해서 뭐라도 하자. 이런 사람 안 나와야 한다. 그런 기대를 하면서도, 억울하고, 실은 제 얘기를 하는 게 창피해요. 어린아이가 일하러 공장에 갔다는 게, 제가 얼마나 무능한 부모인가….

제 입장에서 굉장히 어려운 것 중 하나가 특성화고 나와서 좋은 직장에 취업하고 잘 견디는 아이들이 훨씬 많다는 거예요. 동준이 같은 선택을 하는 사람은 아주 적죠. 다른 사람은 다 잘하는데 그 아이만 잘못했다는 식으로 되기 때문에 어디 가서도 말하기가 힘들어요. 그런데 우리 동준이 같은 사연이 꼭 특성화고 학생들 상황만은 아니라고 봐요. 인문계 나오고 대학을 나오고 취업을 해도 생기는 문제예요. 열아홉에 겪든 스물다섯에 겪든 서른에 겪든, 재취업을 하면 어느 나이에도 겪는 일이거든요.

어른들도 직장이 바뀌거나 일하던 분야가 바뀌면 처음 시작하는 거잖아요. 그렇게 처음 시작하는 사람들을 배려하는 마음이 우리 사회에 너무 적어요. 다른 누구도, 나도, 당신도, 과장, 부장, 이사도 처음이던 때가 있었는데 왜 역지사지가 안 되느냐. 우린 다 처음일 때가 있어요. 나이가 어려서만이 아니라 업무가 서툴러도 성격이 소심해도 조직에선 약자예요. 그런데도 그런 약한 사람을 배려하지 않고 눌러야만 유지되는 직장 내 분위기는 변해야 하지 않나 생각해요.

하루는 버스에서 옆자리에 앉은 남자아이를 본 적이 있어요. 나이는 이십대 초반쯤으로 보이는데 말하는 건 아이 같은 게 발달장애인가 봐요. 몇 살이냐고 물어보니까 스물다섯이래요. 사회복지센터에서 일한대요. 청소도 하고 복사도 한다기에 칭찬해줬더니 좋아서 막 말하는 거예요. 그런 아이들이 공공기관에 가서 일할 수 있는 건 주변에서 그 아이의 부족함을 다 받아줬기 때문이고 절대로 그냥은 못 해요. 저런 약자들하고 같이 살아가는 세상을 만들어야 되는데, 오히려 몸이 불편한 아이들은 약한 부분이 겉으로 드러나니까 남이 돌볼 수도 있을 것 같아요. 그런데 일반 조직은 무한경쟁이라고 해야 하나. 내가 너를 밟지 않으면 내가 죽는 분위기잖아요. 그런 상황에서 어떻게 애들이 처음부터 견디겠는가. 마음이 여린 애들은 속으로 앓는 거죠. 그게 속상해요.

저도 반성하죠. 뭘 잘 모르는 사람들이 주변에 있으면 내 일처럼 도와줘야 해요. 내가 못 돕는 일이면 그 일을 아는 누군가를 연결해줄 수도 있고요. 그런 분위기나 시스템이 안 돼 있어요. 아니면 외면하죠. 오지랖 세상이 되긴 돼야 해요. 약자를 돌보는 시스템도 필요하겠지만 그건 시간이 걸리고, 지금 약자를 돌보는 시각을 누가 가져야 한다면 내가 먼저 가져야 한다는 거죠. 그리고 주변에서 배려도 필요하지만, 각자 신입사원이거나 재취업했을 때 낯선 조직에 적응하는 방법도 배워야 해요. 우리가 나이 든다고 당연히 아는 게 아니잖아요. 교사 자격증, 엄마 자격증, 결혼 자격증이 있어야 한다는데 직장인에 관한 것도 알려줘야 하는 것 같아요.

어른들에게 당부했으니 잘될 거라 믿었어요

토요일 밤 10시쯤 동준이가 들어왔어요. 치킨 시켜서 맥주 한잔씩 하고 얘기하다가 12시에서 1시 사이에 잤어요. 일요일 아침 8, 9시경에 일어났고, 동준이가 저한테 회사 출근하는 게 싫다고 해요. 그러고 나서 동준이가 씻으러 갔는데, 제가 궁금해서 동준이 핸드폰을 봤어요. 거기 담임선생님과 상담한 카톡 내용이 있었어요. 동준이가 씻고 나온 다음에 무슨 일이 있었는지 자세히 얘기해보라고 했더니 그냥 가기 싫대요. 그래서 다시 물어봤더니, 며칠 전에 회식이 있었대요. 1차 끝나고 2차를 가자고 해서 가기 싫었는데, 선배가 요즘 애들은 군기가 안 들었다고 말하더래요. 그러니까 동준이랑 같은 라인에 있는 열 살 정도 나이 많은 형이 애를 따로 불러 뺨을 때리면서 "야, 이 새끼야. 나도 마시고 싶어서 마시는 거 아니야. 그냥 처마셔. 나도 가고 싶어서 가는 거 아니야" 그랬다는 거예요.

그때 동준이 외할머니가 무릎 수술을 해서 병원에 있느라 제가 으쌰으쌰 기운을 북돋워주지 못했어요. 항상 기숙사에 있다가 주말에 오면 저랑 얘기하고, "우리 아들 힘들게 하면 다 죽여버릴 거야" 그러고 놀았는데 그날은 그걸 충분히 못 했어요. 그때 만약 대화만 충분히 했어도 아이가 그런 선택을 안 했을 텐데…. 아이가 학생에서 직장인으로 환경이 갑자기 바뀌었는데 내가 무심했던 걸까. 늘 하던 대로, 우리가 살아왔던 방법대로 충분히 대화를 했으면 됐을 텐데. 그런 아쉬움이 있어요. 밥 먹을 때도 동준이가 명절 앞두고 작업 물량이 많다, 계속 야근했다고 해서 파스도 붙여줬어요.

또 애가 한 말이 걱정이 돼서, 제가 동준이 라인 조장한테 전화를 했어요. 처음엔 동준이가 회사생활이 어떠냐고 물어봤더니, 잘 지내고 있다, 일이 서툴기는 하지만 들어온 지 얼마 안 돼서 다 그렇다고 하더라고요. 폭행 사건 얘길 했더니 자기가 잘 들여다보겠다, 너무 걱정하지 마시라고 해요. 그래서 제가 동준이를 때리고 협박했던 그 직원이, 협력업체 사람도 있고 다른 직원도 있는 데서 너무 구박하는 것 같더라, 어렵게 들어간 회산데 좀 봐주시든가 보직 이동을 해줬으면 좋겠다고 말했어요. 폭행 사건을 담임선생님한테도 전화로 말씀드렸고, 선생님이 내일 회사에 간다고 했는데도 애가 심난해하니까 잘 부탁드린다고 당부하고 끊었죠. 그리고 동준이도 담임선생님한테 자기 사정을 얘기했잖아요. 선생님이 월요일에 회사로 온다고 하니까, 조장이랑 선생님이랑 어른들한테 다 얘기해놨으니까, 저는 잘 해결될 거라고 생각했어요. 동준이가 일요일 저녁에 집을 나설 때, 울면서 회사 복귀하기 싫다, 회사 복귀하면 그 사람이 날 죽일 것 같다고 했는데, 달래서 회사로 보냈어요.

그날 오후 다섯 시까지 애를 못 봤어요

아침마다 출근 잘 하라고 (기숙사에 있는 아들에게) 제가 전화를 해주는데, 그 날도 어김없이 (6시 17분경에) "출근 준비 잘 하고 있냐?"라고 물었더니 "오늘은 신입사원들 조금 늦게 출근해도 된다고 해서 조금 늦게 나가도 돼요"라고 말했습니다. 그래서 "조금 더 자고 가라" 이렇게 통화했고, 그 후 7시 22분경에는 "다시 준비하고 나가니?"라고 물어봤더니 "예, 지금 출근하려고 나가는 중이에요"라고 대답했습니다. 저는 "고생해라!"라고 전화를 끊었습니다.

- 혹시 통화할 때 아드님 목소리나 말투에서 이상한 점 못 느꼈나요?

= 이상한 건 전혀 없었어요. 평소같이 경쾌했습니다.

- 강석경의 경찰 조서 중

오후 다섯 시까지 애를 못 봤어요. 회사에서 무슨 부장이라는 사람한테 연락받고 병원에 갔더니 경찰서 가서 조서를 꾸미고 와야 보여준대요. 경찰서에 갔더니 증인 네 명을 앉혀놨어요. 그 사람들이 출근하다가 애가 떨어지는 걸 봤다는 거야. 봤다는데 뭐라고 하느냐고. 동준이 아빠는 옆에서, 우리가 죄인이야, 애

데리고 가, 그냥 가자고 해요. 마음이 약한 사람이라서 그래요. 난 못 간다고 나를 죽이고 가라고 난리를 쳤지. 그냥은 안 간다고. 경찰서에서 처음엔 휴대폰을 안 주더라고요. 내놓으라고 그랬죠. 비번 아냐고 해서 모른다고 했어요. 앞에서 열어보라고 할까 봐요. 그 안에 모든 게 있을 것 같았어요. 비번은 모르지만 우리 애 거니까 내놓으라고 했죠.

경찰에서 조서 쓸 땐 저한테 유도를 하더라고요. "애가 우울증이 있고 가정사가 안 좋아서 불행하다면서요?" 그래서 내가 그랬죠. "부부 간에 안 싸우는 사람 있어요? 좋기도 하고 나쁘기도 하지." 애 취직했다고 양복이랑 옷을 150만 원어치 사줬어요. 연수 갈 때 양복도 두 벌은 있어야지 해서 평상복, 코트, 오리털 점퍼, 양복 구두, 세미정장 구두를 사줬죠. 집안이 불행하고 애가 외로우면 왜 그랬겠냐고요. 그런 거 아니라고 했죠. 그런데 애가 평소에 엄마 아버지 때문에 걱정이라는 얘길 했다는 거야. 집안 문제라고 하기에 그게 아니고, 애가 회사에서 선배 사원한테 맞았다고 말했어요.

병원에서는 왜 애를 안 보여주냐고요. 그래도 사람이 죽었는데, 부모 자식인데 보여주는 게 맞다고 생각하거든요. 뭘 몰라서 못 본 거예요. 경찰에서 조사 끝나고 와야 보여준다고 해서 그날 밤에 봤잖아요. 병원에 가니까 응급실에서 영안실로 옮겨졌어요. 그걸 따졌어야 해. 어떤 일이 있었는지 모른다는 거지. 119 구급대원 증언이, 이미 오면서 중간에 숨이 끊어졌다고는 하는데…. 그래도 응급실에 있었으면…. 왜 그런 말 있잖아요. 숨 끊어

지고도 한동안 듣는다고요. 내가 무슨 얘기를 했으면 애가 들었을 것 아냐.

애를 회사에 안 보냈어야 하는데…

동준이 졸업 앨범을 추석 때 받았어요. 그 일이 있고 8, 9개월 만에 담임선생님이 앨범이랑 개근상 상장까지 보내주셨어요. 제가 좀 바빠서 늦었습니다, 그러시더라고요. 담임선생님도 아이 물건을 챙겨서 보내는 게 쉬운 일은 아니었겠단 생각은 들어요.

앨범이 오니까 그때부터 피부로 실감 나기 시작했던 것 같아요. 왜냐면 아이가 고등학교 때부터 기숙사에 있었으니까 주말에만 왔고 평일엔 없었잖아요. 애 아빠랑 나랑은 일상을 살아내야 되니까 우리 아이가 기숙사에 있다고 생각하자고 했어요. 그렇게 생각을 안 하면 한 발자국도 움직일 수 없을 정도로 침체되니까요. 그런데 주말이면 애가 와야 되는데 안 오니까 공허하다고 해야 하나. 그런 거랑은 다르게 깊은 땅굴 속으로 빨려 들어가는 것 같았어요.

달랑 이 아이 하나 키웠는데 20년 세월을 눌러놓고 또 다시 혼자 살아나가야 해요. 애 아빠랑은 너무 힘들어서 애 얘기를 못해요. 애가 있을 때 부부 사이랑, 가고 난 다음에 부부 관계는 달라요. 방법이 없어요. 애 아빠도 그 전날 아이를 잡지 못한 죄책감에 빠져서 나오질 못하는 거야. 안 보냈으면, 동준이가 가기 싫다고 했으니까 안 보냈으면 됐을 텐데…. 내가 애한테 가르쳤어야 하는데 못 했어요. 같이 일하는 사람 때문에 직장이 싫으니 좋으니 그러면서도 다음 날이 되면 그래도 또 가는 게 인생이다, 그렇게 살았던 것에 대해 우리가 엄청 많이 후회했거든요. 싫으면 회사에 안 가야 되는데 우리가 잘못 가르쳤다. 그 생각을 한동안 참 많이 했지요. 하루 앞, 한 시간 앞을 우린 몰라요.

가까운 지인이 장례 끝나고 만나서 한다는 말이, "동준이가 힘들다고 안 간다고 그랬다며. 네가 엄마냐? 거길 보내고. 나 같으면 회사 찾아가서 확 다 뒤집어엎어. 학교 졸업을 못 하든지 말든지 안 보냈으면 되는 것 아냐. 엄마가 돼가지고 가는 걸 놔뒀냐. 애들이 학교에서 한 대만 맞고 와도 난리 치는데, 그건 네 잘못이야" 그러는 거예요. 제가 너무 쇼크 받았어요. 남의 일이라고 쉽게 말하잖아요. 2년 동안 안 봤어요. 나중에 봤을 땐 자기도 속상해서 그랬다고 하죠. 그런 말이 폭력은 폭력인데, 나를 아프게 했는데, 나한테 뭐라고 말한 것도 아니고 때린 것도 아니고 그게 미치고 환장해요. 친한 친구조차도 그렇게 말하는데 세상 사람들은 오죽했겠는가 싶어요. 사람들하고 얘기하기 무섭죠. 어떤 대화든 얘기하는 게 겁나요.

내 입장에서 날 이해하는 사람이 있다는 게 중요해요

제가 교회에 다니는데, 새로운 사람이 와서 얼굴을 익히고 알게 되면 이것저것 묻게 되잖아요. "애들이 몇이나 돼요?" "아들 하나 있는데 먼저 갔어요." 그렇게 대답하면 옆에 있는 사람들이 쿡쿡 찌르고 막 그래요. "뭐, 죽을 수도 있지. 넌 안 죽냐?" 제가 그냥 그러는데 그러고 나면 또 먹먹한 거야. 차라리 제 입으로 얘기하면 괜찮은데 나중에 자기들끼리 또 얘기할 거야. 자살이래, 어쩌고….

설명해야 되면 설명해도 저는 괜찮아요. 어떤 분은 조용히 와서 그래요. "아들이 그렇게 갔다며? 궁금해. 알려주면 안 돼?" 저보다 열 살 많은 교회 권사님이 묻기에 얘기 다 해줬어요. 두 시간도 넘게 걸렸어요. 회사, 장례, 산재(산업재해) 처리 상황까지. 그 분은 산재 처리 정보가 필요했던 것 같은데 다 듣고, 그랬구나, 그랬구나, 우리도 그런 생각 못 하고 살았다면서 같이 울고 기도도 했어요. 그날 얘기하고 났더니 한 주 동안 속이 후련하더라고요.

우리 아이는 죽고 없지만 우리 아들 얘기를 할 수 있다고 봐요. 그런데 내가 얘길 하면 사람들이 초긴장해요. 친구들은 그래요. "석경아, 너 힘들잖아. 얘기하지 마. 하지 마." "안 하면 안 힘드냐, 이년아." 저는 그러죠. 말해야 돼요.

저희 엄마도 그래요. 제가 여동생 하나, 남동생 둘, 사남매 중 장녀예요. 집안 행사가 너무 싫은 거야. 편안하게 동준이 얘기를 할 수가 없어요. 얼마 전에도 엄마 생일이었어요. 좋은 날인데 그런 얘기 한다고 뭐라고 하고요. 제 감정이 오르락내리락한다고 남동생들은 그러죠. "누나 맘 정리나 잘 해!" 와서 분위기 깨지 말란 소리죠. 엄마는 저보고 아이 죽은 지 몇 년 됐는데 아직도 질질 짜고 있다고 뭐라 하고, 생각하면 맘 아프다고 말하지 말래요. 우리 가족도 그런데 남들은 오죽하겠냐고요. 쉬운 일은 아니죠. 어느 정도 풀어야만 감정이 사라지는데 계속 누르고 있어야 되잖아요. 가족이 더 힘들어요. 자연스러워지기가 제일 어려운 것 같아요. 차라리 친구들은 편한 면이 있죠. 한번은 친한 친구한테 그랬어요. "너네들이 애들 군대 얘기, 손자 얘기 할 때 나도 만날 생각나고 슬퍼. 나는 웃으면서 너네들 얘기 듣고 잘했다고 하는데, 친구라면서 너네는 내가 동준이 얘기 하면 왜 불편해해?"

살고 죽고 아프고 병들고…. 생로병사도 삶이에요. 애들 결혼이나 연애만 삶이 아니고 아프고 죽는 것도 삶이고 그 과정을 이기는 것도 삶인데, 왜 그런 얘기를 편안하게 못 들어넘기냐. 그게 서운해요.

어떤 사람들은 말 안 하는 게 도와주는 거라고 하는데 아니에요. 누군가한테 얘기하면 좋더라고요. 아주 많은 사람들한테는 못 해도 친하게 지내는 열 명에게라도 말해야 해요. 나를 이해할 수 있는 사람, 내 입장에서 날 이해하는 사람이 있다는 게 중요해요. 세상 사람은 매스컴에서 떠드는 것만 알고, 친구만 해도 뉴스 한 줄 보고 떠드는 사람이 있는데, 직접 내가 알려줄 사람이 필요하다는 거예요.

그 생각만 하면 지금도 웃음이 나요

연애 3년, 결혼 3년 만에 동준이를 낳았어요. 어쩌다 생긴 자식이 아니라 준비하고 기다려서 귀하게 얻은 자식이에요. 모든 부모가 그렇듯이, 저도 철부지로 살다가 임신하고 철들고 평범하게 아이 낳고 살았어요. 일을 계속하다가 동준이가 초등학교 들어가기 전에 그만뒀어요. 간호조무사로 일하던 병원에서 의료사고에 연루되면서 스트레스를 받았고, 무엇보다 아이를 24시간 놀이방에 맡겨야 하니까 회의도 들었고요.

제가 서른다섯 살에 병원 일 그만두고 나서 다른 일을 알아보는데 별다른 재주가 있는 게 아니니까 구직이 쉽지가 않았어요. 신문 배달하고, 우유 돌리고, 공장도 다니고, 방이 다섯 개인 집에 전세 들어가서 하숙도 치고, 재밌게 살았어요. 애 아빠가 조금 벌고 나도 조금 벌고요. 그러니까 돈이 없어도 애가 웃으면 행복하고, 보통 가정에서 느끼는 행복감으로 살았어요. 어디서 딸기 축제를 한다고 하면 애랑 보러 가고, 여름에는 가족들과 바닷가도 놀러 가고요.

동준이 밑의 애를 7개월에 사산을 했어요. 임신 중에 친정 아버지가 돌아가셨는데 쇼크가 왔나 봐요. 그 뒤로는 임신이 안 되더라고요. 사산된 걸 바로 발견을 못 하고 2주 넘어 알아서 몸 상태가 안 좋았어요. 실은 그 아픔도 커요. 그 아이도 내가 보낸 거잖아. …자궁을 들어내자고 하는데 혹시 몰라서 유도분만을 했어요. 남들은 아이 낳느라고 아픈데 저는 죽은 아이 꺼내느라 밤새 입원해 있었어요. 그러고 났으니 더 애착이 간 거지. 동준이를 더 예뻐했고 더 정성을 들였어요.

시부모님이랑 한집에 살 때 제가 관공서 구내식당에서 일했어요. 점심만 해주니까 9시에 출근해서 3시에 퇴근하고, 학교 갔다 오는 애를 돌볼 수 있었죠. 동준이 3학년 땐가 어느 봄철이었는데 황사가 심했어요. 제가 편도선염이 걸려서 열이 40도까지 오르고 밤새 끙끙 앓았죠. 동준이가 학교를 가야 하는데 누가 챙겨줄 사람이 없는 거예요. 동준이한테 미안하다고 말했죠. 그런데 동준이가 뜨거운 물을 한 컵 갖다주더니 좀 이따가 쟁반에 동치미 국물, 계란 프라이 두 개를 해서 가져왔더라고요. 학교를 지각하게 생겼는데 그걸 챙겨온 거예요. 제가 놀라서 "이런 거 어떻게 알았어?" 물어봤더니 텔레비전에서 배웠대요. 나는 그래서 텔레비전을 나쁘다고 보지 않아요(웃음). 애가 그러는 순간 아픈 게 다 나았어요. 그 생각만 하면 지금도 웃음이 나요.

애 아빠는 저녁 먹고 오는 날이 많으니까 애랑 둘이 앉아서 그때 유행하던 슈퍼마리오 게임을 했어요. 휴대폰이 없을 때라 티브이에다 게임기를 연결해서 둘이 게임 하면 그렇게 재밌는 거예요. 막 컴퓨터가 보급이 돼서 이런 기기랑 친해지라고 가르쳤죠. 외동이라 혼자니까 아이랑 눈높이 맞춰서 놀아준다고 저도 같이 즐겼어요. 게임 하고 나면 공부 좀 하고 씻기고 재우고요.

한번은 아이가 초등학교 때 반장 선거에 나가고 싶대요. 자기가 반장을 하면 잘할 것 같은데 엄마가 뭘 해줘야 된대요. 반장 나가는 다른 애 엄마는 햄버거를 우유랑 돌렸대요. 저는 아이스크림을 돌렸어요. 결과는 세 표 차로 떨어졌는데, 선생님이 반장을 한 달씩 하랬대요. 동준이한테 왜 반장이 하고 싶었냐고 제가 물어봤어요. 반장 자리에 있어야 자기가 학급에서 하고 싶고 할 수 있는 일을 하기가 쉽더라고, 목소리 내기가 쉽고 애들이 잘 들어준대요. 제가 그랬죠. "그게 바로 정치야."

칼국수를 먹으러 가서도 얘기를 해줘요. "이 음식점이 50석인데 자리가 꽉 찼어. 1인분에 6천원이니까 계산을 해보자. 하루에 몇 판이 돌아갈까? 매출이 얼마쯤 되고, 인건비랑 임대료는 얼마쯤일까?" 경영에 대해 얘기해요. 밥 먹으러 가서도 세상을 보는 시각을 키워줬어요. 네가 연봉이 3천만 원짜리 직원이면 원래는 1억 원 정도의 가치를 하고 그걸 회사랑 나누는 거라고 애한테 가르쳤어요.

부모와 대화가 없어서, 내성적이어서 그런 게 아니에요

동준이는 중고등학교 때도 사춘기를 예민하게 보내진 않았어요. 남자애들이 원래 그런가 할 정도로 무던했어요. 일이천 원 한도 내에서 피시방에 보내고요. 게임도 못하면 바보다, 단 거기에 노예가 되면 안 되니까 학원 갔다 와서 할 일 해놓고 하라고 했죠. 컴퓨터는 사양을 최고 좋은 걸로 해줬는데, 애한테 필요한 건 5개월, 6개월 할부를 끊어서라도 사줬어요.

아이가 뭐 하고 싶다고 하면, 제가 브리핑을 해보라고 시켰어요. "엄마, 나 닌텐도 사고 싶어요." "왜 필요한지 말해봐." "게임하고 싶어요." "그렇게 말하면 엄마가 안 넘어가지. 엄마 설득시켜봐." 그러면 아이가 일주일간 글을 써서 프린터로 뽑아 읽어주기도 했어요. 뭔가를 갖기 위해서는 그냥 떨어지는 건 없고 얘기해서 빼내야 한다, 절대 공짜는 없다, 네가 하는 모든 일이 나중에 돌아온다고 말해줬죠. 그 어린아이랑 대화를 많이 했어요. 밥상을 차려놓고 한 시간이고 두 시간이고 얘기했어요. 아이가 학교에서 무슨 고민이 있어도 저한테 다 얘기하면서 스스로 풀어나갈 수 있게 했어요. 그래서 대화로 답을 찾아가는 훈련이 됐다고 생각했는데….

그 일이 나고 완전 멘붕이 왔어요. 동준이 사건이 있고 나서 사람들이 아이가 부모랑 대화가 없어서 그런 것 아니냐고 많이들 몰아가더라고요. 최소한 특성화고 가고 취업 나가는 아이들은 생각이 깊은 아이들이거든요. 저는 소통 두절은 아니라고 말하고 싶어요.

또, 사건이 벌어지니까 사람들이 애가 엄청 내성적이지 않았냐고 몰아가는데 결코 그렇지 않았어요. 구타 사건이 있고 불과 4일 만에 일어난 거예요. 나는 구타 사건이 있었다는 사실을 오늘 알았는데 내일 일어난 거예요. 어떤 걸 해볼 만한 시간적 여유가 없었고, 내가, 우리 아이가 원치 않는 방향으로 흘러갔어요.

왜 세상의 시계는 이런가. 만약에 저 사람이 밉다 그러면 피하는 시간도 있고, 미워죽겠다고 얘랑 애가 앙숙이야, 말이 도는 시간도 있는데, 그런 시간도 없이 어떻게 이렇게 빨리 치달았는가. 애가 즉흥적인 성격도 아닌데 말이에요.

동준이가 마이스터고를 원했어요

특성화고를 주장할 땐 애가 고집쟁이가 됐어요. 요새는 신청만 하면 국가장학금이 나오니까 대학 등록금은 걱정 안 해도 된다고 했는데도 가고 싶대요. 동준이가 마이스터고 2회 입학생이에요. 1회에서 3회까지는 우수한 애들이 갔어요. 그 당시에 이명박 대통령이 학력보다 실력 있는 인재를 양성한다고 해서 마이스터고를 만들었어요. 중3 때 학교로 선배들이 마이스터고 홍보를 나왔나 봐요. 학비부터 기숙사비까지 전액 무료다, 학습 프로그램이 다양하고 좋다, 좋은 회사에서 너희들을 다 스카우트해간다, 취업이 어려운 시기에 4년간 착실히 기술을 익혀두면 대학 졸업하고 오는 사람과 동등한 위치가 된다고 그랬다면서 가고 싶다는 거예요.

처음에 반대했죠. 저랑 한 3, 4개월 싸웠어요. 그런데 애가 너무 가고 싶어 하니까, 그래, 기숙사 생활도 괜찮겠다 싶었어요. 고등학교 친구가 평생 친구니까, 아직 세상에 물들지 않은 아이들이 순수한 열정으로 만나서 꿈을 이야기하고 고민을 나눌 수 있는 때니까요. 동준이가 외동이고 혼자 크는 남자아이니까, 기숙사 생활도 해보고 남자들과 어울려 보면 군대 가서도 수월하겠다고 생각했어요. 만약에 마이스터고에 가서 적응 못 하면 1년 재수해서 인문계 고등학교 보내거나 검정고시 봐서 대학 가도 되니까 열린 마인드로 가보라고 했어요. 동준이가 중학교 때 반에서 5등 정도 했는데 간신히 합격했고, 같이 지원했는데 떨어진 애들도 있었어요. 큰 잡음 없이 학교생활을 했고 아이가 행복해했어요.

동준이 고3 담임선생님은 열정이 다분히 넘치셨어요. 학부모 회의가 있을 때, 제가 시간이 나면 갔는데 상담을 아주 적극적으로 해주세요. 애가 집에 와서 하는 얘기가 있잖아요. "엄마, 우리 샘 짱이야. 말도 잘 통하고 좋아." 얘네 학교가 공부나 수능 성적에 목매는 데가 아니니까요. 전기사 자격증을 따고 동호회 활동도 하고 자기계발도 하고 활동이 많았어요. 동준이가 호른을 불었어요. 열기구 동호회도 하고요. 담임선생님이 나중에 회사 다니면서도 동호회 활동을 해야 한다고 가르쳐주고 권했대요. 그 말에 감명받아서 애가 "엄마, 우리 선생님 짱이야" 그렇게 좋게 말했고요. 고등학교 내내 "내가 태어나서 2011년, 2012년, 2013년을 제일 잘 보냈어. 마이스터고를 잘 선택했어" 그렇게 얘기했어요.

엄마 노릇 할 기회를 줘서 고마워요

애가 기숙사에서 오는 토요일엔 제 주말 스케줄은 '올 스톱'이었죠. 그 1박 2일이 엄마 노릇을 할 수 있는 유일한 기회니까요. 맛난 것 해서 같이 먹고, 오자마자 옷 빨아서 널고 말려서 월요일에 보내야 하니까요. 주말 아니면 아들이랑 밥 먹을 기회가 없어요. 그래 봤자 두 번 정도 먹어요. 지금 생각해보면 동준이가 기숙사에서 오는 그 시간이 제일 행복했어요. 애 아빠한테도 동준이 오니까 오늘은 2차 하지 말고 와서 같이 밥 먹자고 하고, 밥 먹는데 동참 안 하면 용돈도 끊는다고 하고.

내가 원래 같이 밥 먹고 이야기하는 걸 좋아해요. 밥이, 그냥 밥만 먹는 게 아니라 상대방을 읽을 수 있고 내 사랑을 줄 수 있고 표현할 수 있는 거니까요. 그때가 좋았던 것 같아요. 아들을 기다리며 '오면 뭐 해주지? 여름옷도 준비해줘야지' 하던 그때가 제일 좋았어요. 그 생각이 계속 나요.

동준이가 키 180센티미터에 몸무게는 100킬로그램이 나갔어요. 별명이 '날으는 돈가스'였을 정도로 또래에 비해 체구가 컸어요. 살은 좀 쪘지만 키도 크고 어깨도 딱 벌어졌어요. 청바지에 티셔츠를 입혔으면 얼마나 예뻤을까. 한번은 교회에 아는 엄마가 동준이 또래 아들을 데리고 왔어요. 체형도 비슷하더라고요. "너 이리 와봐. 한번 안아보자" 하고 안아보는데 느낌이 참 좋더라고요. 가까이 있는 남의 자식도 그렇게 예쁜데(눈물)….

장례 마치고 오니까 아이가 사고 날 때 입고 있었던 옷을 주더라고요. 회사 기숙사로 가져간 이불이랑 짐들을 챙겨서 갖고 왔는데 제부가 산에서 태웠어요. 이건 집으로 가져가지 마시라고 해요. 저는 그런 걸 전혀 안 믿긴 하는데, 죽었을 때 입었던 피 묻은 옷만 태운 거잖아요. 좋은 옷을 한 벌 더 가져가서 태웠어요. 놔둬도 입을 사람도 없고 하니까요. 생각하면 그래요. 20년이라도 아이를 위해 이런 걸 사서 입히고 할 수 있었으니까. 그런 기회를 줘서 고마워요.

동준이는 게임스토리 개발자가 되고 싶어 했어요

동준이는 게임스토리 개발자가 되고 싶어 했어요. 취업할 때 전공이나 적성에 맞는 회사를 갈 수 있다고 생각했는데 막상 마이스터고를 나와서는 절대 갈 수 없다는 걸, 애가 CJ 신입사원 연수를 다녀와서 알았어요. 동준이가 대학 가야겠더라고, 연수 때 그런 애기를 했더니 회사에서 CJ 안에 대학이 있고 다닐 수 있다고 했대요. “엄마, 나 돈 좀 벌어놓고 군대 갔다 와서 대학 가야 돼” 그러더라고요.

취업되고 연수받으러 가서도 잘 지냈고 본인 스스로가 행복해했어요. 열아홉 살이니까 신입사원들 중에서도 나이가 제일 어렸어요. 스물여덟, 서른두 살도 있었는데 제일 어린 자기가 팀의 리더를 한다고 나설 정도였어요. 연수받을 때 했던 롤링페이퍼를 보면 이렇게 써 있어요. 젊다, 나이에 맞지 않게 성숙하다, 귀엽다, 당차다, 어린 나이에 나오는 패기가 멋지다, 풋풋하다, 힘이 넘칠 것 같다, 말도 자신감 있게 잘한다, 성실할 것 같다….

연수 다녀와서 집에 가방을 던져놓고 다시 회사 기숙사로 갔으니까 가방이 집에 있었죠. 애 물건 정리하다가 가방에 연수 노트가 들어 있는 걸 봤어요. 동준이는 일에만 너무 매달리는 삶이 아니라, 요즘 애들처럼 적당히 자기가 좋아하는 일도 하고 돈도 벌길 원했어요. 마지막에 집에 왔을 땐, 애가 일도 많고 술 강요당하고 맞고 그랬으니까 이런 게 사회생활이면 할 수 있겠냐는 식으로 애기하더라고요.

동준이 생일과 기일엔 그곳에 가봐요

동준이 첫 번째 기일에 아이가 일하던 진천공장 현장에 가봤어요. 2년 정도는 진천에 갔어요. 올해(2018년)는 아이 다니던 학교에 가서 기숙사랑 운동장을 한번 둘러봤죠. 동준이가 여기서 뛰어다니면서 운동했구나. 기일이나 생일에 아이 흔적이 있는 곳을 찾게 되더라고요. 동준이는 외할아버지 산소에 화장해서 뿌렸어요. 흔적도 없어요.

3월 21일이 동준이 생일인데, 평상시는 어떻게 지나가지만 그런 날은 뭔가를 하고 싶은 거야. 아들이 없는데 뭔가를 그렇게 하고 싶어요. 뭐를 하겠어요. 사진 보다가 울다가 이름 부르다가 하는 거죠. 명절, 내 생일, 기일, 아이 생일, 그런 날이 어렵더라고요. 제 친구 생일에 친구한테 전화해서 "생일 축하해. 애들 왔다 갔어?" 물어보면 "그럼" 그래요. 그러고 나면 생각나죠. 내 생일엔 올 사람이 없구나….

동준이를 떠나보내기가, 이별하기가 잘 안 돼요. 이별할 수도 없지만요. 집은 이사했어요. 적적할까 봐 동준이 대신 고양이 한 마리, 강아지 두 마리, 식구를 늘렸어요. 식물도 많이 키워요. 동준이 물건은 새로 사준 양복하고 아이가 보던 책하고 몇 개만 남기고 다 정리했어요. 지금도 책꽂이에 아이 사진을 몇 장 올려놨는데 애 아빠는 치우라는 거야. "그게 치운다고 기억에서 없어져? 걔는 없어도 내 새끼야. 자꾸 치우라고 할 거면 따로 살아." 애 아빠한테 그랬어요. 아침마다 보고 낮에도 봐요. 안 본다고 괜찮아지는 것도 아니니까요.

하루는 어떤 짓을 했냐 하면, 우리 집에 헤어드라이용 빗이 두 개예요. 동준이가 쓰던 헤어드라이용 빗이 따로 있어요. 어느 날 보니까 여기엔 동준이 머리카락만 있을 것 같은 거야. 그 빗에 있는 머리카락을 핀셋과 이쑤시개로 뽑아서 모아놨어요. 화장을 했으니까 어디에도 유전자가 없으니까. 칫솔은 말려뒀는데 나중에 곰팡이가 나서 버렸고요. 뭐라도 있어야 느낌이 나는 거예요. 세월호 부모연대 페이스북을 보는데, 어떤 엄마가 그렇게 써놨어요. 왜 그렇게 쓸고 닦고 치우고 했을까, 방을 너무 깨끗이 쓸고 닦고 하니까 애 흔적을 찾으려야 찾을 수 없다고. 그냥 뒀으면 애 몸에서 나온 머리카락이 먼지랑 있었을 텐데, 그게 후회된다고 써놨는데 그 심정이 너무 이해가 돼서 읽다가 왈칵 울었다니까요.

가끔 인터넷에서 동준이 이름을 넣고 검색해봐요. 동준이 얘기가 청소년인권네트워크 같은 데에 수시로 올라와요. LG텔레콤 해지방어팀에 있다가 자살한 그 학생(홍수연) 사건 때도 나오고 항상 나오더라고요. 그만큼 얘기가 계속 나온다는 건 우리가 일을 잘해놨다는 거예요. 그런데 아이를 이렇게 기억해야 된다는 게 슬프죠. 사람이 사라진다는 게 뭔지…. 다 있는데 걔만 없어. SNS 계정도 안 없어지잖아요. 스스로 탈퇴하지 않으면 그냥 있는 거야. 친구들이 글을 올려놔요. 동준이 생일엔 축하 메시지도 남기고요. 페이스북 계정 담벼락에도 보고 싶다고 남겨놓았더라고요. "잘 있냐. 조금만 기다려, 임마. 나도 금방 가. 너는 안 늙어서 좋겠다." 친구들이 이런 메시지도 보내고요. 처음엔 눈물만 났는데 애들이 귀엽고 기억해준 게 고마워서 웃기도 해요.

동준이 이름으로 된 휴대폰도 요금을 계속 내고 있었어요. 그런데 3년 되니까 자동으로 사망자 직권해지를 시키더라고요. 사망자 휴대폰은 계속 쓸 수 없다고 해요. 동준이 휴대폰이 자동해지되고 외국 사람이 그 번호를 따 갔나 봐요. 하루 만에 전화가 딴 사람한테 가더라고요. 전화를 거니까 받아요. 몽골 사람이라 한국말을 못 알아듣는데 말했어요. "이 번호 빨리 반납하세요. 제가 필요해요."

세상에는 다양한 죽음들이 있더라고요

장례식장 대표가 우리가 삼일장 하다가 일주일로 기간을 연장한다고 하니까 적극 도와주겠다고 하고, 처음에 시위하겠다고 했을 땐 관도 갖다주겠다고 그랬어요. 며칠 전에도 그 장례식장에서 산재 피해자가 있었대요. 그 고인이 학생은 아니었어도 나이가 젊었는데 회사에서 5천만 원을 줬대요. 산재 처리도 안 되고 개인 잘못으로 처리돼서 너무너무 억울한데도 유족들이 그냥 가더래요. 그런데 우리가 하는 걸 보니까 잘한다고 도와주고 싶대요. 그러면서 장례식장에 산재로 오는 고인이 종종 있다고 그래요. 그래서 제가 만약에 산업재해로 인한 죽음들, 이런 사례들이 궁금하면 장례식장을 돌아야겠구나 생각했어요. 이런 일을 당한

사람은 쉬쉬하죠. 아파서도 말 안 하고, 말한다고 한들 들어주지 않으니까 말 못 하고요.

그 일이 있고 제가 심리상담을 받았는데, 상담 선생님이 자살자 유가족 모임에 가보라고 권했어요. 막상 가보니까 마음을 터놓기가 어려워요. 유가족이 다 상황이 다르잖아요. 똑같은 자살도 그 안에서 줄서기가 되는 거예요. 사기 치고 빚 남겨두고 신랑이 자살한 경우도 있고…. 죽음 앞에 똑같이 슬프고 아파야 하는데 평가가 돼요.

한 엄마는 자기 아이 죽음이 자살이 아니라고 끝까지 우겼어요. 토요일에 나간 아이가, 중학교 2학년 딸인데 안 들어왔어요. 3일 있다가 냇가에서 소주병하고 발견된 거야. 뉴스도 안 나왔어요. 아이가 누구 전화 받고 나갔는데 못 만났대요. 소주에 수면제 먹고 죽은 거예요. 그 엄마는 안 믿어지죠. 학교폭력도 아니고요. 그렇게 파헤칠 수가 없는 죽음도 있고, 되게 억울한데 말할 데도 없고 탓할 대상이 없는 죽음도 있어요. 거기 갔더니 내가 제일 괜찮더라니까요. 어떻게든 세상 속에 아들의 죽음을 얘기도 해봤으니까요. 가서 만날 위로해주고, 들어주고, 밥 사주고 술 사주고 그랬어요.

내가 아픈 것뿐, 당신들에게 죄인은 아니에요

자식을 산업재해로 잃은 부모들은 계속 속에 화가 있어요. 내 잘못이긴 하지만, 내 아이가 잘못 선택한 것이지만, 구조, 시스템에 의해서 죽은 거고, 아이를 배려하지 못한 사람에 대한 분노가 있단 말이에요. 그들은 멀쩡하게 잘 사는데 나만 더 죄인이 되는 현실이 너무 싫은 거예요.

한번은 술자리에서 제가, 회사는 회사대로 군대는 군대대로 학교는 학교대로 폭력이 일어난다고, 숨 쉬고 살아 있는 게 불안하다고 푸념처럼 말했더니, 오십대 후반 되는 남자분이 "약한 것들은 있어 봤자 속 썩어. 그렇게 걸러져야 돼" 그러는 거예요. 한 시간 내내 소리 지르고 싸웠잖아요. 그런데 그 사람도 실은 같이 가슴 아파하기 싫은 거예요. 보통 사람들은 감정이 전염이 돼요. 기쁜 것도 전염, 슬픈 것도 전염. 슬픈 감정을 거부하는 거지.

누가 그런 일을 겪었다고 해서 깊이 생각하고 세상을 바꾸긴 힘들어요. 그런 사람이 주변에 있어서 문제점을 얘기하고 바르게 살자, 나 혼자만의 일이 아니라고 얘기하면 듣기 싫은 거죠. 자기는 자유롭게 살고 싶고 아직까지 아무 일 없으니까. 대의적으로 어른으로서 사회적 책임을 지고 우리 아이들이 살아가는 세상을 위해서 뭔가를 해야 하지 않나, 국민청원에 서명이라도 해야 하지 않나 싶어요. 귀찮기도 하지만, 작은 것부터 목소리를 내야 하는데, 우리 또래만 해도 그걸 싫어해요. 내 발등에 불이 떨어지면 그때서야 생각하죠. 자식 키우는 일에 어떤 공식을 적용할 수 없어요. 부모가 열심히 노력한다고 아이가 잘 크는 건 아니에요.

제가 원래 교회는 가다 안 가다 했는데, 그 일 있고는 주말이 아이가 기숙사에서 오던 날이라서 힘드니까 교회를 열심히 나가요. 위로받은 게 있어요. 하느님한테 구원받는 건 착하고 의로워서가 아니라는 거예요. 내가 예수님을, 하느님을 믿는 행위가 중요한 거예요. 믿었는데 나쁠 수도 성공하지 못할 수도 의롭지 않을 수도 있다고 생각하면, 우리 아이도 꼭 나빠서, 우리가 못돼서 이런 일을 겪은 게 아니라는 나름 위로는 받았어요. 내가 아픈 것뿐, 당신들한테 죄인은 아니다. 내가 죄를 지었다면 아이한테 지었다. 실은 그 부분을 털어내기도 했어요. 아이들이 돌만 지나도 어디론가 도니까, 24시간 따라다닐 수는 없으니까 일이 생기려면 어쩔 수 없다. 밖에 나가 물에 빠져 죽을 운이라서 나가지 말랬더니 접시 물에 코 박아 죽었다는 말을 우스개로 들었는데 운명이란 게 있는 건지도 모르겠어요.

뭘 하든 사람대접받는 사회 분위기가 필요해요

처음에 한 5개월, 6개월은 실감이 안 나요. 없구나. 애가 없다는 건 아는데 꼭 올 것 같은 마음이 들다가, 그 시기를 지나면 억울하고 분해요. 내가 왜? 내 애가 왜? 세상에 대한 분노가 치솟다가 내 죄다, 내 죄다, 이것도 내 잘못, 저것도 내 잘못이다 하게 돼요. 1년 기일이 지나고 나서 한동안 힘들더라고요. 어느 날, 기도하고 성경을 보는데 그 말이 딱 들어오는 거야. “네가 죄인이다. 살인하고 도둑질해서 죄인이 아니다. 선을 행할 수 있는데 행하지 않는 게 죄인이다." 이거 깨닫고 엄청 울었어요.

우리부터 바꿔야 돼. 나부터, 나부터요. 최저생계비를 어떻게든 해주면 비슷비슷한 세상이 오지 않을까 싶어요. 그런데 사람들이 그걸 싫어하는 것 같아요. 내가 남보다 더 나아야 하고 내 발밑에 놓고 잘근잘근 밟아주고 싶어 하잖아요. 그게 너무 답답해서 밤에 한번 소리를 질렀어요. 어떻게 바꾸지, 어떻게? 결국은 지금 자라는 동준이 세대 아이들이 그런 마인드로 자라야 하는 거죠.

사회 분위기가 그렇잖아요. 좋은 직장이나 전문직 가진 사람들만 목소리를 높이고 그런 사람들을 더 인정해요. 나이 들고 보니까 일은 똑같이 힘들어요. 육체노동이 몸은 더 힘들고요. 그런데 너무 돈으로만 사람의 가치를 따져요. 연봉 1억은 대접받고 연봉 천만 원은 무시하는 사회 분위기를 우리가 만드는 게 속상해요. 대부분은 어떤 사람이 가난하면 그 사람이 못났다고 생각하죠.

특성화고가 장인을 양성한다고는 하지만 결국은 공돌이, 공순이를 만들어내기 위한 또 하나의 장치가 아닌가 싶어요. 왜냐면 그냥은 안 오니까. 말 잘 듣고 돈 조금 줄 수 있는 아이들이 안 오니까 감언이설로 특성화고니 마이스터고니 만들어놓은 건데, 그래도 거기서 사람대접받고 살면 좋다 이거예요. 그게 안 되니까, 학교에선 인권교육, 노동교육을 더 시켜야 돼요. 도움을 받을 수 있게 알려줘야죠. 혼자 해결하려고 하지 마라고요. 여자아이들은 잘 떠들고 잘해나가는데 남자들은 소통이 서툰 편이에요. 그래도 동준이는 트위터에 한 거야. 그것도 안 했으면 증거도 없었어요. 어차피 위에는 안 바뀌니까 밑에서 바뀌게 하려면 우리가 해야죠.

* * *

강석경 씨와 인터뷰 후에 여러 번 카카오톡 대화를 나눴고, 그중 일부를 옮긴다.

살면서 부딪히는 사람들 사이에서, 일이든 친구든 가족이든 어떤 형태의 만남이든지 공통적인 화제가 아이들 이야기라는 걸 알았어요. 동준이가 있을 때는 그걸 몰랐어요. 지금도 동준이는 나와 함께 살지만, 기억 속에서 과거 속에서 환영이나 그리운 추억에 머물고 있지요. 동준이는 우리 부부의 사랑이었고 내 아빠의 첫 손자였으며 내 동생들의 첫 조카로 엄청난 관심 속에 자라났지요. 모든 자식이, 아니 모든 사람이 존재 자체로 귀하고 소중하고, 살면서 만나는 모든 사람을 그렇게 보는 눈과 마음을 가져야 할 건데 나도 그러지 못할 때가 많네요. 주는 것 없이 미운 사람, 나에게 말 걸어올까 봐 못 본 척하는 사람, 하는 말마다 얄미운 사람, 보고 또 봐도 고마운 사람, 지랄을 해도 보고 싶은 사람, 너무 계산적이어서 나도 계산하고 만나야 하는 사람 등…. 그 수없이 많은 관계 속에서 하루에도 수십 번씩 울고 웃고 좋고 싫고, 롤러코스터를 타는 인생살이. 정말 어떤 날은 감정이 지쳐 그만하고 싶을 때가 있어요.

겨울에 실내에 들여놓은 화분의 나무가 방 안에서 얼어 죽었어요. 같이 있던 다른 나무들은 괜찮은데…. 그것이 슬퍼서 하루 종일 울었어요. 그 나무가 동준이 같아서…. 감성이 충만하다 못해 지나쳐서 오버하는 거지요. 그렇더라고요. 동준이 또래 남자 청년들을 보면, 덩치라도 비슷한 아이들을 보면, 편의점이나 식당에서 알바 하는 아이들을 보면, 게임에 빠져 있는 아이도 군대가 있는 아이도 옆집에 사는 대학생 남자아이도 온 세상 모든 사람이 다 연관이 되어 있더라고요. 억측인가요. (2018년 3월 16일)

자식 보내놓고 사는 게 쉬운 일은 아니에요. 그걸 기억하며 살아내는 건, 죽지 못해 살아내는 그 이유를 내 안에서 찾아야 하는 것이니까요. 다른 사람의 위로도 도움이 안 되고 속으로 자꾸만 움츠러져요. 가슴속에 둘 수도 없고 버릴 수도 없는, 인생의 무거운 짐들이 각자 있겠지요. 세상에 대한 원망도 내가 힘이 있어야 하더라고요. 고칠 수 없고 바뀌지 않는 세상. 아무것도 아닌 힘없는 부모가 무슨 말을 어찌할 수 있을까요. 그 속의 울분이, 화염이, 폭폭함이 폭발하면 주체할 수 없어 그저 그러고 있을 뿐이지요.

어떤 죽음이든 너무 허무하고 슬프지만 남은 자들이 견디어내야 하는 감정의 무게가 있고, 자식을 먼저 보낸 부모는 사형보다 더한 형벌을 받으며 살아낸답니다. 그 모습을 대단하다며 격려하는 사람도 있지만, 어떤 이는 자식 보낸 게 훈장이냐고 빈정거리는 사람도 있거든요.

세상의 긴 역사 속에서 흔적도 남지 않을 흙 한 줌. 바람에 날려버려 흔적도 없고 흙에 묻혀 흙이 되어버린 수없는 사람들. 그래도 난 동준이 엄마이고 동준이 엄마로 살아가는 거라 생각해요. 역사도 기억이고 동준이도 기억이 되어버렸지만, 날마다 엉망진창인 감정을 추스르며 혼자 동준이를 불러보다 울어버리는 시간들. 그래도 기억할 수 있어 감사합니다, 기도하다가도 제발, 제발 제 기억을 없애주든지, 아니면 죽여달라고 발악을 하기도 하지요.

원인과 결과를 따져가며 세상에 떠들어봐도 떠드는 사람만 힘들지, 아무것도 할 수 없으니 그저 죄인처럼 조용히 살아가라는 말에…. 분노도 하지 못하고 무너졌지요. 자식의 죽음이 다른 아는 사람의 죽음처럼 무덤덤하게 받아들여지는 그런 날은 절대 오지 않을 걸 알면서, 고통이라고 표현하기도 사치스러운 죄인의 심정, 그 절대적인 자기부정과 현실부정 속에서 그냥 그렇게 시간이 멈춘 듯이 살아내는 겁니다. (2018년 7월 5일)

평소 폭력에 예민했는데,
동준이를 놓쳤어요

강수정(김동준 이모)

남에게 거절할 줄 아는 것이
인생의 큰 수완이라면
자기 자신, 일이나 인간관계를 두고
스스로에게 거절할 줄 아는 게 더욱 큰 수완이다.
— 피에르 자위

2014년 1월 16일 목요일, 회식 2차를 가는 도중에 폭력 사건이 일어났어요. 가해자(28세)는 동준이랑 입사 동기인데 나이가 제일 많아서 동기들 중에 팀장 역할을 해요. 오늘 몇 시까지 출근이다, 그런 걸 전하는 사람이에요. 그 사람이 동준이랑 동기인 오군(20세)을 같이 구타했어요. 그 직전에 가해자가 3년차 선배에게 혼났어요. 너네 1년차 일 못한다, 너네 때문에 일에 차질 있다, 그러면서 둘이 치고 박고 싸워서 112를 불렀대요. 그런데 막상 112가 오니까, 별거 아니에요, 그러면서 돌려보낸 거예요. 동준이랑 오군이랑 둘이 선배들 싸움을 말렸어요. 가해자가 자기가 얻어맞고는 그게 열 받아서 동준이랑 오군을 부른 거죠. "너희 때문에 맞았잖아. 내가 왜 너희들 때문에 맞아야 하는데! 나 혼난 거 안 보여? 너네 엎드려뻗쳐." 이러면서 애들 뺨을 때리고 엎드려뻗쳐를 시켰어요. 그러는 걸 3년차 선배가 옆에서 다 보고 있었어요.

그날 폭행당하고 동준이가 다음 날부터 아침저녁으로 협박을 받았어요. "너 말하면 알지? 가만 안 둔다. 나 청주에 어깨 형들도 많이 아는데, 네가 다른 회사 가더라도 끝까지 쫓아가서 죽여버린다" 그랬대요. 동준이는 군대생활도 안 했어요. 협박이 너무 무서우니까 한마디로 판단 능력을 상실한 거죠. 가해자랑 같은 라인에서 근무하는데, 그 사람이 지나갈 때마다 동준이한테 그 말을 한 거예요. "조심해. 알아서 해라." 그러니 애가 패닉 상태에 빠진 거죠.

그다음 날, 동준이가 담임선생님이랑 통화를 했어요. 폭행 사건을 전화로 막 설명하니까 선생님이 "방금 전화로 말한 걸 카톡에 써서 보내줄래? 그래야 이걸 자료로 쓸 수 있어"라고 했대요. 그리고 선생님이 월요일에 회사로 찾아가겠다고 한 거죠. 얘가 월요일 아침에 그런 선택을 한 것도…. 선생님이 회사에 오시면 다 알게 되니까 걱정한 거죠. 그 형이 아무한테도 말하지 말라고 했는데 선생님한테 말한 걸 형이 알면 어떡하나. 다른 생각을 아무것도 못 하는 거죠. 전날 밤 12시 5분에 "선생님, 저 무서워요"라고 문자를 보내고, 담임선생님이 아침 9시에 출근해서 확인하고 "걱정하지 마. 선생님이 있잖아"라고 문자를 보냈는데 그걸 못 보고 아침 7시 40분에 뛰어내린 거예요.

그때 왜 그렇게밖에 못 했을까요

그때 엄마(김동준 외할머니)가 무릎 수술로 입원해 있었어요. 저는 동준이가 기숙사에 있다가 집에 왔으니까 언니(김동준 어머니)한테 아들이랑 같이 밥 먹으라고 제가 대타로 엄마를 간병하고, 언니랑 동준이랑 남동생(김동준 외삼촌) 둘이랑 저녁을 먹은 거죠. 그런데 나중에 들어보니까 애가 밥을 안 먹었대요. 워낙 덩치가 있어서 치킨도 혼자 한 마리 다 먹는 아이인데 밥도 반 공기밖에 안 먹고, 안 피우던 담배도 나가서 피우고요. "너 담배 피냐? 너 직장 취직하더니 담배도 피냐?" 삼촌들이 그랬다는 거예요. 그래서 동준이가 자기 폭행당한 걸 얘기했대요. 뺨을 두 대 맞았고 엎드려 뻗쳐를 당하는 폭행 사건이 있었다, 설 명절 준비 때문에 물량이 많아서 하루에 열두 시간 일한다, 다음 주도 마찬가지일 것 같다고 했대요.

그런데 아이 입장에선 아무도 도와주지 않았어요. 아이가 그런 얘기를 했는데 "그럼 회사 가지 마라. 안 가도 돼" 그렇게 못했단 말이에요. 집에서 자기를 못 도와주고, 선생님도 내일 온다고 하는데 더 무섭고요. 동준이를 다른 데로 보내든지 그 사람을 보내든지 갈라놓겠다고 담임선생님은 말했지만, 그런 조치를 취하는 게 아이는 더 무서운 거죠. 그 형이 하지 말란 짓을 했잖아요. 가해자가 말하지 말라고 했는데 성폭행 피해자가 자기 피해 사실을 말하고 나서 법원에 출두하기 직전에 자살하는 거랑 비슷한 거예요. 어른들한테 믿음이 갔으면 됐을 텐데, 아이 기준에서는…. 그게 참, 언니도 그렇고 저도 그렇고.

저는 학교폭력 예방 강사, 성폭력·가정폭력 예방 강사를 했어요. 제가 폭력엔 예민하거든요. 제가 이 사건을 내 문제로 딱 잡아채질 못할 상황에 있었어요. 그때 감당하기 힘들고 어려운 외국 통역을 맡았어요. 동준이 얘길 들었는데도 이 통역 마감 직전이었고, 엄마 간병을 하면서도 계속 일을 하고 있었어요. 이 문제에 대해 동준이한테 적극적으로 조언을 못 한 거예요. 그래서 그것도 죄책감이 들고요. 그때 왜 그렇게밖에 못 했을까….

평소 같았으면 저는 애들 학교에서 체벌이 일어나도 찾아가요. 조그만 일도 가만있지 않아요. 우리 애가 학교에서 선생님한테 맞았다고 하면, 또 내 애가 맞은 게 아니라도 총대 메고 해결하는 스타일이에요. 그러니까 뭐에 씐 것 같은 느낌이에요. 평

소와 다르게 애한테도 구체적으로 물어볼 마음의 여유가 없었던 거예요.

원래는 가해자랑 피해자를 분리해야 하는 거잖아요. 선생님이 와서 해결해준다는 게 그렇게 믿음직스럽지 않은 거죠. 그 형은 회사를 옮겨도 따라올 거라고 생각했고요. 가정폭력도 그렇잖아요. 내가 죽어야 끝나지, 이혼한다고 끝날 것 같지 않다고 생각하잖아요. 자기가 죽든지 저 인간이 죽든지 극단적인 선택을 하게 돼요. 이 사회를 못 믿는 거예요.

동준이의 죽음을 언론에 알렸어요

그때 제가 시민단체에서 일하고 있었어요. 시민단체에서 보도자료 쓰던 습관이 있으니까 동준이 일이 생기자마자 누가 시키지도 않았는데 보도자료를 써서 7일간 매일 뿌리며 언론에 알렸어요. 장례 5일, 6일차 됐을 즈음엔 장례식장이 기자들로 꽉 찼어요. 한겨레, 경향, 조선, 동아 등등 서른 개 넘는 매체에서 취재해 갔어요. 못 오면 보도자료 보고 써서 기사 내고요. 채널A는 직접 인터뷰하고 모자이크해서 내보냈어요.

회사에서는 우리와 가해자와의 접촉을 아예 차단했어요. 처음에 가해자가 무슨 임원 자식인가, 왜 감싸나 의아했어요. 회사는 우리하고 얘기할 때 동준이 입장에서는 전혀 얘기를 안 해요. 그 사람 입장에서만 얘기해요. 그 사람이 가해자면 회사가 가해자가 되니까요. 이 폭력이 업무상 연관이 있으면 회사도 과실을 증명해야 하니까 그런 거죠. 그래서 회사에서는 폭행 사건은 어디까지나 두 사람 개인감정으로 생긴 거다, 둘이 투닥거린 거다, 업무랑 상관없다고 주장했어요. 결국 우리가 업무와 관련이 있는 폭행이란 걸 증명해야 했어요.

장례식 이틀째 되는 날, 제가 동준이 폰으로 그날 같이 맞았던 동기 오군한테 전화를 했어요. "나 동준이 이모야. 동준이가 형은 증언해줄 거라고 카톡에 남겼더라. 얘기해줘라. 상황이 어땠니?" 그런데 오군은 회사에서 교육을 받은 거예요. '못 봤다', '기억이 안 난다' 그런 말만 반복해요. 제가 그랬죠. "가해자하고 3년차 선배하고 형들 둘이 싸웠다며? 경찰이 왔다며?" 그랬더니 왔다 갔대요. "그러면 가해자가 너네 때리고 엎드려뻗쳐 시킬 때 둘만 있었어?" 하고 물어봤더니 "3년차 선배도 보고 있었죠" 그래요. 그때 대화 내용을 녹음했고, 그걸 노무사 사무실에서 시디로 만들어 산재 신청할 때 제출했다고 들었어요.

회사에서는 가해자한테 말했겠죠. 어차피 벌어진 일이고 기업 이미지 훼손 없이 해결할 테니 너는 인정하지 마라, 나서지 마라고 했을 거예요. 가해자 라인에 있는 사람들이 장례 7일 동안 한 명도 안 왔어요. 마지막에 같이 일하던 사람들인데 애가 죽었는데도 안 와요. 동준이 라인 사람들한테 조문 오라고 했는데, 조장하고 동준이랑 방 같이 쓰던 직원만 왔어요. 철저히 교육받은 것 같았어요. 와서 인사하고 밥 먹는 시늉 하고 다 같이 와서 다 같이 갔어요. 동준이랑 같이 가해자한테 맞았던 아이, 카풀 했던 아이, 아무도 안 왔어요. 장례식에 오면 우리에게 유리한 말을 해줄까 봐 회사에서 그들을 차단했어요. 이 사건과 관련해서 증언해줄 사람은 한 명도 안 왔어요.

장례를 열흘, 삼십 일 끌고 갈 수가 없었어요. 형부(김동준 아버지)는 우리가 싸우는 것도 필요 없다고, 아이가 7일간 냉동실에 있었으니까 빨리 따뜻한 데 묻어주자고 하고요. 동준이는 이미 죽었고 싸워야 뭐하냐, 본인도 지쳤고 살고 싶은 마음도 없다, 다 필요 없다, 싸우지 말라고 그랬어요. 여러 가지로 7일간 장례를 치러야 한다고 판단했고, 금전적으로는 합의했어요. 회사는 위자료를 제안하면서 임직원을 대상으로 민형사상 소송하지 않는다는 각서를 요구했어요. 제가 장례 기간 동안, 보도자료 내고 조목조목 따지고 요구하니까 회사에서 협상 자리에 이모님은 빠지는 걸로 하자고 해서 대신 남동생이 나갔어요. 어차피 결론은 다 내놓았을 때였어요.

우리가 7일 동안 돈 받자고 싸웠냐고요

저는 사측의 양아치 같은 짓을 언론에 다 까발리고 싶었어요. 사람들이 관심 있다면, 이런 걸 알고 싶어 한다면요. 한편으로는 "너네 돈 받았잖아. 돈 받아놓고 뭘 얘길 해" 그럴 가능성이 있으니까 굳이 얘기하지 않은 거죠. 제가 사측을 양아치라고 한 건요. 저와 인사과장이 7일째 밤에 1번부터 5번까지 요구 사항을 전화로 다 정리했어요. 1) 산재 조사에 협조한다. 2) 앞으로는 CJ그룹 전체 현장실습생, 미성년자에겐 8시간 이상 근무시키지 않는다. 3) 현장실습생에게 새로운 근로환경에서 적응하도록 심리상담 등 심리관리 프로그램을 신설한다. 4) 위자료는 합의된 금액을 지급하고, 노무사 비용 선임비 착수금 500만 원을 낸다. 5) 민형사상 소송하지 않는다. 이런 내용이었어요. 담당자가 "지금 말씀을 토대로 협의 내용을 정리해 보내겠습니다" 하기에 "그럼 초안 보고 말할게요" 했어요.

그런데 담당자가 문자로 보낸 합의서 초안에는 '위자료 얼마 준다, 노무사 비용 준다'만 있었어요. 그러니까 구조를 고치는 건 안 하겠다, 돈이나 먹고 떨어지라는 거예요. 우리가 7일 동안 돈 받자고 싸웠냐고요. 이걸 백지화하겠다고 했더니 처음부터 다시 얘기하든지, 법대로 하라고 그러는데…. 우리 가족들이, 그만 싸우라고, 네가 사회를 바꿀 거냐고 그래서 그만뒀어요. 사실 저도 아이 키우는 입장에서 보복이 걱정되고요. 하다못해 학교폭력조차도 제대로 밝히기 어려워요. 직장폭력은 더 어려운데, 그래도 많이 밝혀진 거죠. 그때 동생들이랑 온 가족이 다 열심히 했어요.

동준이는 들어주는 친구였대요

동준이는 학교 친구들하고도 잘 지냈지만 또래 애들처럼 SNS 친구도 많았어요. 동준이가 애니메이션을 좋아했는데 한 80명 되는 트위터 친구들이 장례 7일 동안 그 멀리서 시간을 쪼개 오더라고요. 인천, 포항, 제주, 부산, 전국에서 다 왔어요. 오히려 우리는 몰랐는데 그 친구들은 애 상황을 다 알았더라고요. 트위터는 순간순간 느낌을 날리는 거니까요. 회사에 취직했을 때부터 동준이가 어땠는지 그걸 다 증언해요. 취직했을 때 좋아했다, 회식하니 기분이 더럽다고 했다, 2차에 가기 싫은데 강요했다, 술 담배 싫은데 왜 해야 하냐고 했다….

그 트위터가 일본 애니메이션을 좋아하는 친한 애들만 보는 비공개 계정이었어요. 원래 트위터 친구들은 얼굴을 모르기도 하지만 얘네는 서로 알더라고요. 동준이가 부산 갔을 때 "저 부산 왔어요" 하면 부산에서 모이고요. 또 서울 가면 "저 서울 왔어요" 해서 모이고 동준이를 중심으로 오프라인으로 만났던 거예요. 동준이가 분위기 메이커 역할을 했나 봐요. 게임도 잘하고, 고등학교에서 방송반이었고, 열기구 동호회 활동도 했어요. 고등학교 생활을 대학처럼 했어요. 웬만한 고등학생은 못 하는 걸 얘는 하고 산 거죠.

장례식장에 애들이 와서 하나같이 하는 얘기는 '동준이는 들어주는 친구였다'는 거예요. 자기들이 고민을 얘기하면 다른 애는 안 들어줘도 동준이는 들어줬다, 거의 들어주기만 했는데, 동준이가 자기 얘길 한 건 거의 최근이었다고 해요. 그러니까 애들이 빚 갚는 마음으로 온 거죠.

내가 의식하던 걸 실천하며 살고 싶었어요

제가 92학번이에요. 대학교 다닐 때 광주민중항쟁 비디오를 보면서 세상에 눈을 떴어요. 영화 <1987>이랑 똑같아요. 그런 걸로 시작한 거죠. 4년 내내 풍물패 동아리를 했어요. 학습하고 학생회 활동도 하고, 선거철 되면 만날 구호 짜고, 이슈 있으면 서울까지 올라가서 데모하고요. 92년엔 큰 이슈가 없어 주춤했어요. 내가 만난 선배가 누구냐에 따라 내 노선이 정해졌어요. 우리 때는 한미 FTA 우루과이라운드 협상에 대해 이렇게 해야 한다, 학부제를 반대해야 한다, 지금은 기억도 잘 안 나는 안건으로 싸우고 그랬죠. 대학원에서는 교육학 석사를 했는데, 생협 조합원 공동체의식에 대한 논문을 썼어요.

10년 정도 직장생활을 하다가 유학을 갔어요. 떠나면서 결심했죠. 갔다 와서는 돈벌이 말고 내가 의식하던 걸 실천하면서 살아보자. 공부하고 오면 시민단체에서 일하고 싶다는 각오로 갔어요. 뉴욕으로 유학을 갔을 땐 '가족친화적 정책'에 대해 공부했어요. 한국과 스웨덴의 성평등 정책을 비교 연구하는 교육사회학이에요. 미국에서 유학 마치고 오자마자 살림정치여성행동이란 단체에 간사로 채용돼서 1년 일하다가 한국여성연합으로 갔어요. 한국여성연합에서 일하다가 동준이 사건이 났고요. 일주일 휴가를 냈다가 돌아와서 환경단체로 옮겼어요. 2년 정도 있었는데, 생계 문제로 어려움을 겪어서 그만두고 2016년 4월에 영어보습학원을 차렸어요. 그전에는 한국여성의전화에서 전화

자원봉사 상담도 계속했고, 녹색당 활동도 했어요. 동준이 사건이 났을 땐 제가 시민단체에서 일하던 습관이 있으니까 매일 보도자료를 쓰고, 아는 노무사에게 연락을 했어요. 이 사건이 그냥 단순 사고가 아니란 판단을 하고 이슈화를 추진한 거죠.

생각해보면 학교폭력 예방 강사, 성폭력·가정폭력 예방 강사를 했던 제가 내 가족의 일을 막아내지 못하고 놓쳐버렸으니 공허한 메아리죠. 사회적으로 옳은 게 뭐라고 주장하는 것도 주장하는 사람들 스스로의 다짐이나 위로의 일환일 뿐, 결국 힘 가진 자들의 승리로 끝나는 게 현실이잖아요. 그래도 얼마 전에 삼성전자 백혈병 피해자들이 산재 인정을 받고 회사 측의 사과를 얻어낸 것은 정말로 감동적이었어요. 숙연해지더라고요. 그간 황유미 님 아버지의 고통이 어떠했을지 짐작조차 할 수 없어요. 전태일 열사 어머니의 일생이 아들의 뜻을 알리고 또 다른 태일이가 나오지 않도록 하는 마음으로 점철된 것처럼, 황유미 님 아버지와 반올림의 노력과 집념은 오래도록 기억하고 박수를 쳐드리기에 충분하다고 생각해요.

솔직히 말하면, 제가 이모로서 동준이의 죽음이 헛되지 않도록 하는 노력에 더 참여하지 못하고 하루하루 생계를 위해 살고 있다는 것이 때론 부끄럽게 느껴지기도 해요. 언니는 동준이와 비슷하게 어려운 일을 겪은 사례를 접하면 어떻게든 돕고자 하고 찾아가고 싶어해요. 유가족 손이라도 잡아주면 조금의 위로라도 될지 모른다면서요.

어른이 바뀌는 교육이 있어야 해요

이 사회에서 특성화고 아이들에게 노동인권 교육을 일부러 시키지 않는다고 생각해요. 순진하고 멍청하게 개처럼 일하길, 무식하길 바라는 거예요. 기업이 성장, 성장 일변도예요. 기업문화에 철학이 없어요. 정치도 장기적인 안목이 없고요. 지금 저출산이 문제인데, 출산 장려금 백만 원, 오백만 원 갖고 누가 애를 낳느냐고요. 기업과 국가가 같이 완전히 애 낳기 좋은 나라를 만들어야지, 이렇게 사람 귀한지 모르는데 누가 애를 낳을까요.

사람들은 자기 일, 자기 문제가 되기 전까지 산재 사건이나 차별문제 같은 걸 떠올리기 싫어해요. 그런 풍토가 바뀌려면, 우리가 바뀌어야 하고 교육이 바뀌어야 해요. 어릴 때부터 기본 노동인권 교육이 있어야 해요. 교사가 장애인이나 소수자를 대할 때 차별적인 뉘앙스로 대하면 안 돼요. 선생님이 차별이라고 응징하기엔 뭐한 스테레오타입적인 말을 하면 그런 말이 애들에게 미치는 영향이 엄청나요. 동성애에 대해서 선생님이 "남자가 여자를 사랑해야지. 남자가 남자를 사랑하는 건 이상한 거야"라고 지나가면서 얘기를 해도 애들은 그런 판단을 자기가 해본 적이 없으니까 그 판단을 차용하는 경우가 있어요. 부모님이 장애인을 보고 "몸도 성치 않은데 왜 돌아다녀"라고 얘기하면 애들도 그렇게 받아들여요. 어릴 때 아버지 어머니에게 똑같이 반복적으로 들은 사람은 몰라요. 종교도 어릴 때부터 하느님이 당연히 계신 줄 알고 기도하면 의심이 없는 거예요.

저는 갓난아기 때부터 아버지가 기도하고 밤새도록 성경 얘기를 하고 옛날얘기를 하면서 야곱 얘기를 하고 그랬어요. 중고등학교 다닐 때 그걸 써먹긴 했지만, 대학교 가서 보니까 내 생각이 내 판단이 아닌 거예요. 그때 깨달았어요. 내가 누군가에게 세뇌당한 거구나. 내 판단이 생기기까진 판단을 보류하고 살기가 정말 힘들었어요. 20년 살아온 인생을 부정하는 거잖아요. 힘들었지만 그걸 했고, 지금까지 온 거고요. 물론 죄책감, 나는 탕자다, 그런 게 있어요. 어릴 때 배움을 송두리째 부정한 거니까요. 잘못되면 하느님 그늘을 떠나서 잘못됐지, 그런 게 있어요. 부모님, 선생님, 주변 어른, 티브이로부터 영향받은 말과 생각이 자연스럽게 한 사람의 가치관이 되고, 또 그게 폭력적인 말이나 행동인지도 모르고 행하는 거죠.

우리는 교육이 바뀌어야 한다고 할 때, 학교교육을 생각해요. 그것도 당연하지만, 더불어 부모들이 바뀌어야 해요. 성인들을 모아놓고 주입식이 아니라 직접 발표 수업을 하면서, 국가적 차원에서 평생교육이 진행되어야 한다고 생각해요. 지금 성희롱이나 학교폭력 예방 교육을 1년에 몇 번 이상 하는데 너무 형식적이에요. 교육 등록해 앉아서 졸다가 가는 식이죠. 저는 질문-대답 참여 수업을 좋아하는데, 200명 앉혀놓고 강의하면 강사는 이 사람들이 무슨 생각을 하는지 알 수가 없어요. 세미나 형식으로 2, 30명 앉혀놓고 참여 수업을 시켜야 해요. 소감이든 경험이든, 딴 사람이 무슨 얘길 했는지에 대해서라도 발표해라. 자기가 해보지 않으면 안 바뀌거든요. 듣기만 한 건 30%, 내가 발표한 것, 몸으로 한 건 90% 이상이 기억에 남는다고 해요. 그렇게 공부해야 어른이 바뀔 수 있다고 생각해요.

하기 싫은 것을 안 할 권리가 있어요

동준이 사고를 겪고 나니까 그냥 내 아들과 딸이 내 곁에서 함께 맛있는 밥을 먹어줄 수 있는 것도 정말 감사한 일이라는 걸 뼈아프게 느끼게 됐어요. 세월호 사건을 보면서도 많이 울고 맘 아파했지만, 추억을 공유한 내 사랑하는 조카를 한순간에 보내고 나니 애들이 공부 잘하고 학교생활 잘하기를 바라는 것조차도 사치라는 생각이 들었어요. 그러고도 또 까먹고 그런 것들을 바라기는 하지만요. 그리고 무엇보다 언니와 형부에게 미안하고 면목이 없죠. 그분들껜 저는 다 가진 사람이잖아요.

지난 1월 21일에는 동준이 기일이라서 학원 수업을 뺐어요. 방학이라서 오전에 수업을 마치고 언니랑 형부랑 같이 동준이가 있는 선산에 가려고 했는데, 언니가 거기 도착하면 너무 어두워질 것 같다고 해서 그냥 언니네에서 같이 밥을 먹었어요. 매년 기일에는 그렇게 해요. 평소에 동준이가 좋아하던 동그랑땡이랑 치킨 차려서 같이 먹어요. 5년이 지난 일인데 형부는 동준이 얘기를 웃으면서 하지 못하고 그 얘기를 별로 안 하려고 해요. 한 번씩 할 땐 자조적인 말로 "내 애도 죽었는데 뭘" 하거나…. 그렇게 같이 밥 먹으면서 동준이를 기억하는 거죠.

그날 오후에 수업을 못 한다고 학원생들한테 이야기해야 하는데, 뭐라고 할까 고민하다가 그냥 다 얘기했어요. 오래 다녔던 애들은 동준이 얘기를 알지만, 모르는 애들도 있으니까요. 말하기 전에 고민이 돼요. '이런 일을 간접적으로 경험 안 하고 살아도 되는 애들한테 내가 괜히 이런 얘기까지 하는 건가?' 하는 생각도 들고요. 그래도 얘기했어요. 나한테 조카가 있는데 이렇게 됐다, 오늘이 기일이라서 가봐야 한다고요.

저는 제 아이한테도 그렇고 자라나는 다른 아이들한테도 이렇게 얘기해주고 싶어요. "싫으면 하지 마. 넌 하기 싫은 것을 안 할 권리가 있어. 기존의 잣대로 널 재려고 하치 마. 그 자가 틀렸을 수도 있어. 다른 이의 권리를 침해하지 않는 선에서 넌 자유롭게 네가 하고 싶은 것을 선택할 수도 있어. 때론 가족도 너 자신보다 중요하진 않아."

동준이처럼 회사에서 위계폭력을 당하기도 하지만 아이들이 학교폭력, 성폭력, 가정폭력 등을 겪을 때 가족이 도움이 되기보다 굴레가 되는 경우가 많아요. 가까운 사람이 2차 가해를 하기도 하고요. 그런 힘든 상황에서 자포자기하거나 성매매를 하거나 자살하고 자기를 지키지 못하는 선택을 하는 경우를 보면 안타까운 마음이 들었어요. 그래서 말하고 싶어요. "그 상황을 숙명이라고 생각하고 영혼을 속이지는 마. 그 숙명이라고 생각하는 관계의 사람과 떨어져서 시간을 가져봐. 그리고 필요할 땐 시민단체나 믿을 만한 사람한테 정중히 도움을 요청해. 정확히 도움을 주는 사람이 생길 때까지, 중요한 건 자기 자신을 지키는 거야."

인식하지 못하는 폭력이
폭력이란 걸 드러내야 해요

김기배(김동준 사건 담당 노무사)

지금 막 덮쳐오고 있는 불행이 얼마나 오랜 기간 동안에 걸쳐
준비된 것인가를 인식하는 순간 동시대인들은
자기 자신이 갖고 있는 힘을 한층 더 잘 알게 된다.
_ 발터 벤야민

사무실에서 늦은 시간까지 일하다가 연락을 받았어요. 동준 군 이모 강수정 씨가 저랑 같은 녹색당원이거든요. 사건이 일어나고 저를 수소문한 거죠. 사무실에서 장례식장까지 거리가 멀었는데 가서 만났고, 궁금해하는 것들을 답변해드렸어요. 저는 이 사건의 중요성을 인식하고 저랑 노동자 사건을 여러 번 같이 했던 노동조합 단체에 연락했어요. 한국노총 전국건설산업노동조합 처장과 국장을 데리고 다시 장례식장에 갔어요.

이건 중요한 사건이라고 판단했어요. 고등학생이거든요. 마이스터고는 이명박 정권 때 만들어졌는데 '마이스터'가 독일어로 장인이란 뜻이에요. 장인을 양성하겠단 취지로 시작했지만 현실은 경제적으로 어려운 학생들이 가는 경우가 많아요. 한국사회가 요구하는 학력을 채우지 못하고 하층계급으로 전락할 수밖에 없어요. 거기에 한 어린 친구가 다닌 거예요. 그 친구가 전공과 무관하게 CJ 진천공장에서 소시지 포장하는 일을 했어요. 만약 마이스터고가 만들어진 원래 뜻대로라면 학력이 갖고 있는 계급성과 관계없이 고등학교 나와서 정상적으로 노동자로 적정한 임금을 받고 살아가야 하지만, 한국사회는 그게 아니거든요.

그런 사회적 장치 속에 한 아이가 놓여 있었고 자살을 택한 상황이니까 사회적인 사건인 거죠. 한국사회는 어쩌면 누군가를 죽음으로 내모는 사회일지 몰라요. 어떤 식으로든 작은 충격이라도 주어서 장기적으로 이런 문제가 발생하지 않도록 해야 돼요. 제 입장에선, 이 죽음을 개인적인 죽음으로 남기지 않고 사회 전체적인 싸움으로 끌어올려야 한다고 판단했어요.

사측과 유족이 협상을 시작했어요

사회적인 싸움이라는 의미는 뭐냐면, 거리로 나가겠다는 거예요. 지역 어디서 집회를 한다는 계획을 짰어요. 그런데 사측도 전문가가 있으니 조언을 받았을 테고, CJ 공장 앞은 사측에서 먼저 집회 신고를 해놨을 거라고 해서 확인해보니까 진짜로 해놓은 거예요. 일단 집회 신고를 하면 그 장소에서는 집회 및 시위에 관한 법률에 따라서 실무상 최대 한 달 정도 다른 집회를 할 수가 없어요. 그러면 우리는 그 지역 공공기관에서 집회를 하자. 이슈를 만들고 언론전을 해서 그쪽에 타격을 주자. 한국노총에서 도와줬고, 저도 아는 기자한테 연락을 돌렸어요.

그렇게 이슈화를 준비하는 와중에 사측과 유족이 협상을 시작했어요. 유족은 이미 회사 앞에서 한 차례 집회를 연 상황이었고, 장례, 협의, 배상, 사과 이런 사안으로 최종 합의를 할 때 최종 합의서 문안은 제가 검토했어요.

협상 과정에 두 가지 논점이 있었어요. 하나는 제도를 개선하겠다는 확답을 포함해 사과를 제대로 받는 것, 다른 하나는 보상금에 관한 것이었어요. 인간의 삶에서 가장 중요한 사실 가운데 하나가 죽음이라면, 지금의 자본주의적 방식은 죽음과 그것에 대한 사과를 금전으로 전환합니다. 회사는 충분한 예의를 갖추고 속죄를 하는 게 아니죠. 머릿속에 이미 그러한 방식이 자연스러운 것으로 각인되어 있으니까요. 저와 유가족은 이 사건을 사회적인 싸움으로 연결시키려고 노력했어요. 이미 고인이 된 동준이가 살아서 돌아올 수는 없겠지만, 유가족은 동준이처럼 어린 나이에 노동자가 된 청소년이 또다시 아무런 보호 장치 없이 폭력적 조직문화에 노출되어서 희생되지 않기를 바랐어요. 그래서 제도 개선을 요구하는 문구를 합의서에 넣어줄 것을 간곡히 요청했는데 회사 측이 거부했죠. 어쩔 수 없었어요. 1주일 동안 장례도 못 치르고 있었고, 함께 힘이 되어주던 유가족들은 대부분이 1주일 이상 휴가를 낼 수 없는 생업에 종사하는 사람들이었기에 불편부당한 합의문을 받을 수밖에 없었어요.

그리고 몇 달 후 가족들이 저하고 의논해서 동준 군에게 폭력을 행사했던 가해자 원○○을 형사 고소했어요. 합의서 내용에는 'CJ 임직원에 대해 고소하지 않는다'라는 조항이 있었지만, 그 사이에 가해자가 회사를 그만두었고 직원 신분이 아니니까 고소할 수 있었죠. 가해자는 반발했어요. 어떻게 합의해서 돈을 받고 나를 고소하느냐. 가해자 입장에선 황당했지만 유가족 입장에선 진실을 밝히기 위해 형사 고소를 택한 거예요. 가해자는 청주지방법원에서 '폭행'으로 벌금 일백만 원의 약식명령을 받았어요.

이 죽음을 어떻게 산업재해로 인정하게 할까요

전체 스토리가 이렇습니다. 고등학생으로서 사전에 현장실습 겸 근로계약을 했던 어린 청년이 회식 자리에서 누군가한테 뺨을 맞는 등 폭력 사건을 겪었고, 며칠 후 회사가 관리하는 기숙사 4

층에서 뛰어내려 죽었어요. 이게 이 사건의 간단한 사실 요약이에요. 그런데 내가 누군가의 뺨을 때렸고 맞은 사람이 자살을 했다면, 내가 뺨을 때린 게 죽음과 밀접한 관계가 있다고 단정할 수 있을까요? 단정할 수 없어요. 단정해서도 안 돼요. 뺨을 때린 게 과실이거나 고의일 순 있지만, 인간의 경험상 그게 죽음으로 몰아넣을 가능성은 현저히 낮아요. 뺨을 맞고 약간의 추가적인 폭력이 있었다고 해도 죽음으로 연결될 가능성이 낮은 거예요.

그래서 유가족이 가해자를 형사 고소했을 때 경찰에서는 폭행 외에는 불기소 의견으로 올렸고요. 법원에서는 벌금형으로 백만 원 약식명령을 내렸어요. 그러니까 경찰이 초진하고 검찰이 재진하는 건데, 진천경찰서에서 조사한 결과 '단순 폭행' 이외에는 추가 범죄를 입증하기 어렵다고 판단한 거죠. 단순 폭행 이외의 사안은 불기소 의견으로 검찰에 사건을 송치하고 검사가 다시 조사하고 기소했어요. 법원은 약식재판으로 가해자에게 백만 원의 벌금형을 선고한 거죠. 요약하면, 누군가를 때린 폭행 사실은 확인할 수 있지만, 해당 폭행이 피해자를 죽음에 이르게 할 만큼의 인과관계를 성립시켰다고 단정하기에는 경험적·논리적 증거가 불충분하다고 본 거예요.

회사 쪽도 항변해요. 그날 동준 군이랑 같이 맞은 다른 친구가 또 있어요. 오군은 입술까지 터졌다고 해요. 그런데 오군은 폭행당한 뒤 아무 일도 없었어요. 하지만 동준 군은 오군과 달리 입술이 터지거나 하는 등 신체적으로 다친 곳이 두드러지지도 않았고, 그런 상황에서 자살을 했어요. 이런 상황을 어떻게 해석해야 할까요? 두 사람이 있어요. 한날한시에 폭행을 당했어요. 한 사람은 폭행으로 입술이 터져도 세상이 그렇죠, 어른들 말대로 다 힘든 거니까요, 하고 참아요. 그런데 다른 한 사람은 그런 일을 참지 못했단 말이죠. 이럴 때 개인의 예민함의 정도를 형사상 책임 또는 산업재해보상법상의 책임과 관련시킬 수 있을까요?

스토리의 핵심이 제 입장에선 죽음이 아니라, 이 죽음을 어떻게 산업재해로 인정하게 하는가예요.

두 가지 단계가 있어요. 첫째, A가 B를 때렸는데 B가 죽음에 이르렀다면 A가 때린 것이 원인이 되어 B가 사망했다는 인과관계가 필요해요. 그 입증의 정도는 상당인과관계, 즉 A의 폭행이 B의 죽음의 원인이 될 만큼 마땅하다고 인간의 경험상 인정되는 것에 달렸어요. 누가 청소년의 종아리를 몇 대 때렸다고 죽지는 않을 거다. 그런데 그 청소년을 몽둥이로 막 심하게 가격해서 트라우마가 생겼다면 이 경우 그 청소년은 죽음을 택할 수 있다. 우리는 보통 이렇게 생각하고 판단해요. 그런데 김동준의 경우는 일반적으로 경험상 인정되는 상당인과관계의 범위에서 벗어나 있어요.

둘째, 이게 그냥 죽음이면 폭력에 의한 죽음인데, 하나의 논점이 더 해결되어야 해요. 그건 회사와의 관련성인데, 특정 업무를 수행하다가 업무와 관련하여 사망했다는 게 입증되어야 해요. 그래야만 단순한 사망이 아니라 산업재해로 인한 사망으로 인정되는 거죠. 회사를 끌어와서 회사 일로 가해자가 흥분했고 폭행으로 이어져 동준 군이 죽었다고 해야 하는 것. 정리하자면,

회사 관리자에 해당하는 직원이 업무와 관련해 폭력을 행사했고 그로 인해 여린 청년이 사망에 이르렀다고 확인받는 거예요. 이게 핵심이지만 '업무 관련 폭행'이라는 두 번째 단추가 마지막까지 찾아지지 않았어요.

이 사건은 사적인 폭력이 아니었어요

이 사건을 산재로 인정받기 위해 이렇게 했어요. 예를 들면, 아픈 표정을 짓고 있는 사람을 그릴 때, 주변 배경이나 경치를 누락시키고 아픈 표정에 대해서만 상세하게 묘사하면 그 사람은 병자가 되죠. 그렇지 않고 그 사람의 얼굴, 옷, 표정, 머리, 풍경 묘사를 다 하면 아픈 상태를 전달할 수 없어요. 이 사건은 풍경을 묘사하면 '미미한 폭력 사건'이 돼버려요. 그래서 제가 주변을 다 빼고 얼굴만 드러냈어요. 일그러진 표정만 드러내면 '고통에 대한 그림'이 되죠. 어떤 게 진실일까요. 전체를 묘사한 게 진실일까요, 얼굴만 묘사한 게 진실일까요.

이 사건이 워낙 중요하다는 판단에 저는 진실을 위한 편집을 택했어요. 그렇다고 팩트 편집을 이상하게 하면 본질에 벗어나 팩트로 장난친 게 되어버리죠. 적절하면 본질을 드러내는 건데, 그 작업의 미묘성을 인식하지 못하면 거짓과 진실이 섞인 묘한 상태가 되고 책임을 못 지는 거죠. 더 엄밀해야 해요. 산재가 안 되면 공적으로 사회적 죽음이라는 걸 인정 못 받으니까 논리적 정합성과 정서적인 부분을 섞어내야 해요.

누군가는 여리다고 할지 모르지만, 한 인간이 사망 직전에 얼마나 고통받고 있었는지 알 수 있었어요. 동준 군이 자살 직전에 쓴 기록을 집중적으로 드러냈거든요. 그 가슴 아픈 기록이 이런 거예요. "차라리 죽었으면 편했을 텐데 나는 왜 시발, 살아서 술을…." "아직도 일하다 보면 그 형님이 때리면서 소리치던 얼굴이 떠오른다." "미칠 것 같다." 인간에게는 누구나 내면적인 민감함이 있으니까요. 만약에 타인들이 이 여린 친구의 얘기를 들을 수 있을 정도로만 표현해낼 수 있다면 사적인 죽음이더라도 공적인 죽음으로 만들 수 있겠다는 생각이 들었어요.

또 하나의 연결고리, 회사와의 관련성이 남았죠. 이걸 찾아야 하는데 회사에서는 자료를 안 줘요. CJ 본사에 전화해 조사하러 가겠다고 했더니 담당 노무사가 그날 자기 일정이 바쁘니까 시간을 많이 낼 수 없대요. 그래도 시간을 내줄 수 없겠느냐 부탁했더니 "빨리 갑시다" 이래요. 제가 격분해서 소리를 질렀어요. "누군가의 죽음을 편하게 함부로 얘기할 수 있는 게 아니잖습니까. 지금 무슨 상황인 줄 아세요?" 그 노무사가 자기가 이 사건을 잘 모르고 맡아서 그랬다, 공장으로 직접 갔으면 좋겠대요.

나중에 진천공장에 갔더니 대외적으로 이 사건을 맡았던 직원은 한 명도 없어요. 사측에서 부장이라는 사람이 나왔는데 공식적이고 예의를 갖추어 대할 뿐 전혀 도와주지 않았어요. 가해자를 인터뷰할 수 있으면 좋겠다고 했는데, 정중하게 막고 아무도 인터뷰를 안 시켜준다고 해요. 전혀 인터뷰를 할 수가 없었어요. 유가족이 있으면 달라질까 해서 강수정 씨랑 같이 갔는데도 그래요. 회사의 논리는, 회사 잘못이 전혀 없다, 사적인 거다, 합의했다, 할 도리는 다 했다, 자신들이 할 수 있는 조치를 다 했다, 이거죠. CJ는 큰 회사고 진천공장은 식품 만드는 회사니까 보상금 주고 털어버리는 게 장기적으로 이득이라고 생각하고 빨리 합의한 거 같아요. 이미지가 중요하니까요. 회사 측에서 협상을 조정하던 사람들이 사내 변호사와 자문 변호사들이었을 거예요. 앞에서 말한 것처럼 동준 군의 죽음을 회사 책임으로 돌릴 수 있는 근거가 부족하다고 그들도 판단했을 거예요.

그런데 문득 이런 생각이 드는 거예요. 혹시라도 회사에서 '징계'라는 걸 하지 않았을까. 3년차 사원 이○○가 가해자한테 일 잘하라면서 때렸잖아요. 그러니까 가해자가 또 동준 군과 다른 친구를 불러다가 "너네가 일 못해서 내가 맞았다"며 때린 거죠. 혹시 이 일과 관련해서 징계를 받은 게 있으면 업무 연관성을 갈고리처럼 꿸 수 있겠다 싶었죠. 회사가 정보를 줄 리 없겠지만, 회사 측 노무사한테 스윽 던져봤어요. "혹시 이런 일이 있었는데 회사에서 그냥 지나쳤어요?" 한번 던져본 거예요. 이 친구가 놀라운 문자를 보냈어요. "이○○ 님은 당시 선임자로서 관리책임 징계를 받았습니다." 갈고리 던지니까 딱 붙잡기에 그 문자를 캡처해서 산재 신청서에 증거로 냈어요. '그거 봐라. 사적인 폭력인데 왜 회사에서 징계를 하느냐. 사적인 게 아니니까 업무와 관련된 사안이다.'

산재 처리는 굿하기랑 비슷해요

제 역할 중 하나가 굿이랑 비슷한 게 있어요. 죽은 자는 떠난 자잖아요. 이런 어린 친구가 죽으면 엄마인 강석경 선생님이 평생이 짐을 짊어지고 가야 해요. 남은 자들이 얼마나 고통스러운지 알고 있어요. 무당이 잘하면 죽음은 어쩔 수 없지만 짐을 많이 덜어줄 수 있어요. 이런 짐은 못 벗어요. 그렇지만 덜 순 있어요. 엄마는 아이한테 회사는 다 그러니까 가서 일하라고 했다는 자기 원망을 벗어날 수 없는데, 산재를 통해 회사가 직접 죽이지 않았지만 회사 책임이 있는 사회적 죽음이라고 인정하면 그 고통에서 많이 벗어날 수 있다는 걸 알았고요. 동준 군이 실습 기간이 끝나면 고등학교 졸업식이 있었거든요. 졸업식에 입으라고 엄마가 아들에게 양복을 사주셨어요. 아이가 사망한 다음에 양복을 보고 우셨다는 얘길 들어서 이 문제가 풀리지 않으면 평생 고통받을 거라고 생각해서 풀기로 결심했어요. 개인적으로 이런 문제를 덮어두고 싶지도 않았어요.

우리의 경험으로 펼쳐지는 논리가 있고 법원에서 증명할 수 있는 논리가 있는데, 여기서 필요한 건 후자였어요. 그걸 어떻게든 만들어내고 싶어서 거의 1년을 붙들었어요. 유가족이 기다리는 것을 아니까 마음이 다급했죠. '추석 때가 됐는데도 연락을 못 드렸구나. 가족들이 모이겠지. 거기서 동준이 죽음 이후에 어떻게 됐는지 묻겠지. 구체적인 답변을 못 하겠지.' 그러면서 명절을 보냈어요. 그러던 중 유가족한테 전화가 왔어요. 어떻게 됐냐고. 더 이상 늦출 수 없었어요. 산재 서류를 접수하기 직전 3개월 동안 거의 하루에 두세 시간 눈을 붙였어요. 하나까지 긁어내서 최종적으로 문서를 작성했고, 유가족과 같이 서류를 검토하고 산재 신청 서류를 제출했어요.

당 재해가 업무상재해로 인정되어야 하는 이유

1) 자살의 주된 원인은 회사의 위계적 질서 내에서의 폭력에 의한 것. 업무를 폭력적인 방법으로 독려하는 상황에서 발생한 것.
2) 김동준의 사망과 관련하여, CJ제일제당은 최초 폭행자 이○○를 징계, 징계 사유는 "선임자로서 관리책임 징계를 받은 것"으로 회사에서 이를 확인하고 있으며,
3) 김동준의 현장실습을 지도하여야 하나, 폭력을 사용한 위계적 질서에서의 지도로 변질, 폭행 및 연장근로 등에 의한 심리적 압박에 의하여 자살에 이르게 한 것,

김동준의 투신은 업무와 상당인과관계가 명백히 존재한다. 산업재해보상보험법에서 말하는 '업무상의 재해'란 업무 수행 중 그 업무에 기인하여 발생한 근로자의 부상, 질병, 신체장애 또는 사망을 뜻하는 것이므로 업무와 재해발생 사이에는 인과관계가 있다.

결론

피해자 김동준은 고등학교를 졸업하기 전에 만 18세의 나이로 취업을 하게 되었으며, 그가 마치 유서처럼 남긴 사회관계망서비스(SNS)의 글들은 이 연약한 소년의 마음에 어떠한 고통과 고뇌 그리고 슬픔이 남아 있었는지 보여주고 있

습니다. 그는 생애 첫 직장에서 소정 근로시간을 초과하여 늦게까지 일을 하거나, 직장 내의 천박한 위계적 질서의 테두리에서 폭행을 당하였고, 슬픔과 두려움을 베어내지 못하여, 1월의 차가움 속에서, 아무도 없는 기숙사 옥상에서, 이른 아침, 이른 나이에, 죽음을 선택하였습니다. 이것은 우리 모두가 책임을 피할 수 없는 명백한 사회적 타살이며, 동시에 업무 및 조직 질서와 문화에서 기인하는, 업무와 상당인과관계가 있는 명백한 산업재해입니다. 부디 이 젊은 소년의 영혼과 그 유가족을 위하여 타당한 판단이 있기를 간절히 바라겠습니다.

2015년 1월 8일

신청인 강석경 김○○

위 신청인의 대리인 노무법인 벽성 공인노무사 김기배

_ **산재 신청서 중**

그리고 후반 작업으로 언론 홍보를 시작했어요. 언론에 알리는 일은 한국노총 전국건설산업노동조합에서 도와줬어요. 대규모 노조는 거기 출입기자단들이 있어요. 핵심은 뭐냐면, 이번 산재 판정은 현장실습생으로서 그리고 자살한 경우의 첫 사례다, 현장실습생에게 산재가 일어날 수 있을 테고, 일반 직원도 자살할 수 있지만 둘이 동시에 나온 건 첫 사례라고 보도자료를 배포했어요. 언론사의 취재 요청 전화를 수십 군데서 받았고 기사가 주요 신문에 다 나왔어요.

산재 판정 전에 교육청을 찾아갔어요

실은 산재 판정이 나기 전에, 이 문제를 이대로 둘 수 없다고 생각해서 교육청에 찾아갔어요. 이 사실에 대해서 알리고 청소년을 위한 교육이라든가 대책이 있어야겠다 싶어서죠. 제가 아는 분을 통해 연락해서 지방 교육청 교육감을 만나려고 했어요. 교육감이 비서관에게 이야기를 전달해달라고 해서 이 사안에 대해서 얘기했죠. 비서관이 저한테 이렇게 전해요. "교육도 하고 다 하는데, 제가 해병대 출신인데…." 뭐 그러는 거예요. 내가 이 사안을 들고 간 이유가 폭력적인 한국사회, 일반적으로 알려진 남성성에 관한 것, 일상의 폭력이 어떤 영향을 미치는지를 말하기 위해서예요. 그런데 자기는 해병대를 나왔다고…. 제가 속으로는 격분을 했지만 거기까지 가서 싸울 순 없으니까 참았죠. 그분은 물론 '요즘 애들이 약해서' 이런 얘기를 우회적으로 하려던 것이겠지만, 알지도 못하는 사람한테 해병대 얘긴 왜 해요. 꾹 참고 잘 부탁한다고 말하고 나왔어요. 며칠 후 교육청 담당자한테 연락이 왔어요. 뭘 어떻게 해야 하느냐고 묻기에 보다 면밀한 조사와 학생들을 상대로 한 전체 노동교육을 당부했어요. 그다음엔 연락이 없어요.

나중에 그 교육감에 대해 이야기를 들었어요. 지역에서 전교조 활동을 열심히 하시고 모두가 신뢰하는 교사였다고 해요. 무슨 얘기냐면, 우리에게 주어진 빈틈, 채워져야 할 빈틈이 있다는 거죠. 내가 나한테도 빈틈이 있다는 걸 모를 정도로 우리에게 빈틈이 많은 거예요. 빈틈을 장기적으로 계속 채워가야 해요. 예전에 열 개를 몰랐는데 이제 세 개 정도를 아는 사람이 되었어요. 한 사람이 싸워서 사회의 어떤 부분을 바꿨어요. 그런데 이 사람도 불행히 일곱 개를 모르는 거예요. 그 상황을 계속 채워야 하는 거죠. 노동부도 모르고 교육부도 모르지만 10년, 20년이 지나면 노동부도 조금 알고 교육부도 조금 알 수 있도록 하려면 이런 작업이 계속 있어야 돼요.

한편으론 이런 문제로 찾아간 사람 앞에서 해병대 얘길 하는 이상한 사람처럼 제가 얘기는 했지만, 또 그분이 전교조 활동할 땐 얼마나 힘들었을까요. 뚜렷한 선과 악은 소설에 나오는 거고, 인간의 삶은 보다 복잡한 관계 속에서 위치하는 거죠. 따라서 그들을 쉽게 공격하거나 쉽게 칭찬할 만한 일이 아니에요. 세상에 이런 것들이 너무 만연하니까요.

의미 있는 삶을 찾아 노무사가 됐어요

저는 14년차 노무사예요(2018년 기준). 대학을 졸업하고 잠깐 회사를 다녔어요. IMF가 터지고 회사를 나오면서, 회사 다니는 일반적인 삶 말고 내게 가장 의미 있는 삶이 뭘까 생각하다가 할 수만 있다면 노동자들과 같이 지내고 싶더라고요. 제가 학부는 정치학을 전공하고, 대학원에선 노사관계를 공부했어요. 그냥 잠재적으로 노동자 편에 서는, 그런 마음이 있었어요. 그런데 막상 노무사를 해보니까 사건을 가리고 할 수가 없었어요. 사무실을 운영해야 하니까요. 그즈음 선배가 법인을 설립해서 일하자고 권했어요. 그 선배는 노동운동을 하다가 감옥도 1년 갔다 왔고 카리스마 있는 선배였는데, 같이 해보니까 마초예요. 어려운 환경에서 살아남은 남자 특유의 마초 같은 습성을 보였어요. 일상에서도 거친 면모가 심하게 느껴졌고, 대화도 안 통하고, 시키는 대로 해야 했고, 도저히 같이 할 수 없어서 그만뒀어요.

나중에 한 번 전화 온 적이 있었는데, 이제 형편이 나아졌으니 돌아와도 괜찮지 않겠느냐고 하더라고요. '내가 그렇게 여러 차례 이야기를 했는데도 불구하고, 이 사람은 내가 경제적인 이유로 나간 것으로 아는구나' 생각했어요. 사람이란 이렇게 자기가 위치한 곳을 알아내기 어려운 존재인지도 몰라요.

천안으로 내려와 법인에 취직해 또 몇 년을 보내다가 이런 상태로 살다가는 내 인생을 후회할 것 같아서 독립했어요. 지금이라도 사건을 가리고 하자, 회사 자문을 하긴 하지만 노동자를 탄압하거나 이런 것 말고 계약서를 쓰고 설득하자, 사건은 노동자 사건만 맡자, 해볼 수 있으면 해보자 해서 시작했어요. 그런데 해보니까 그것도 못 하겠더라고요. 사무실 유지가 안 돼요. 같이 있는 실장님하고 많은 돈은 아니지만 나눠가면서 버티고 있는데…. 우리가 돈을 벌려고 사건을 안 가리고 했으면 지금보다 훨씬 더 편했겠죠. 그런데 그런 식의 삶은 살고 싶지 않아서 버틴 거예요. 불가피하게 중간에 낀 '묘한 사건'을 한다고 해도 최소한 지향점을 잃지 않을 정도로 해요.

이런 삶의 방식을 이해해주는 사람이 많지 않아요. 왜냐하면 사회를 구성하는 사람들은 대부분 각자 그들의 계산이 있고, 그들만의 목표, 계획, 시선이 있어서 자신들의 방향성에서 벗어나는 존재방식에 대해 크게 주목하지 않아요. 사건을 맡기는 사람도 돈을 주고 이기길 바라지, 노무사가 어떤 사람인지 관심이 없어요. 이길 수 있는 사람이면 다 찾아가는 거예요. 저는 자기 스스로 알아주는 것, 그것 하나로 버티고 있어요.

그리고 아까, 왜 노무사가 되었냐고 물어보셨을 때, 말씀드리려다가 말았는데요. 살아가다 보면 힘들 때가 있는데, 그럴 때면 가끔 제 가족의 삶을 떠올리게 돼요. 제 가족은 세대를 걸쳐 가난한 시골 농부였어요. 당시에는 사회적으로 가장 낮은 지위를 점하는 사람들이었죠. 돌아가신 할머니와 할아버지가 이런 이야기를 해주셨어요. 어느 날, 할아버지 삼형제가 초가집 마당에서 놀고 있는데, 증조할머니와 증조할아버지가 지켜보는데도 부역하는 조선인과 일본인들이 난입해 삼형제를 모두 끌고 갔대요. 삼형제는 징용되어 조선 땅을 떠났는데, 하나는 남양군도, 나머지 둘은 만주에서 모진 노동을 해야 했대요. 저는 그 이야기를 들으면서 증조할머니와 증조할아버지가 어떤 끔찍한 고통 속에서 몇 년을 보냈을지 떠올려봤어요.

지금 돌아가신 작은아버지는 월남전에 참전했는데, 월남으로 가면 돈을 벌 수 있다고 생각했던 것 같아요. 할머니는 떠나는 아들을 배웅하며 그렇게 우셨대요. 제 아버지는 공부를 매우 잘했는데 더 이상 상급학교로 진학할 수 없어서 아주 어릴 때부터 작은 가게에서 일했대요. 하루는 할머니가 아버지 가게를 찾아 갔더니 너무 힘들게 일하다가 잠이 들어서 뜨거운 온돌에 허벅지가 화상을 입는 줄도 모르더래요. 할머니가 그 이야기를 하시면서 우셨어요. 그러니 너희 아버지한테 잘해주라고. 그것이 가난인 거죠. 힘없는 민중의 모습이었던 거고요. 이제 할머니도 할아버지도 작은아버지도 그리고 제 아버지도 안 계시고 모두 돌아가셨지만, 이런 얘기를 가슴에 간직하고 있는 저로서는 가끔이라도 제가 할 수 있는 작은 역할에 대해서 생각하게 돼요.

밑에 있는 걸 드러냈으면 좋겠어요

2016년에 일어난 구의역 사고에 대한 조사 보고서를 읽었는데, 앞부분에 이 사람이 사고로 인해서 사망했다고 하지 말고, 우리의 상상력을 조금 펼쳐서 아마 다른 이유로 사망했을 것이라 생각하는 게 어떠냐고 써 있었어요. 그 말은 구의역 사고가 단순 사고가 아니라, 원하청 관계에 원인이 있는 것으로 생각하면 좋지 않겠느냐는 뜻이죠. 요즘 사람들은 실증이나 숫자 이런 것만 좋아해서 '위험의 전가'까지 넘어가지 못해요. 위험의 전가라고 하면 근거를 입증하는 게 쉽지 않으니까, 사람들이 상상력을 키워서 원청이 하청 노동자에게 위험을 넘겨준 걸로 봐야 하지 않느냐, 이 사건을 단순 사고로 단정 짓지 말자고 쓴 건데, 그게 가슴 아프더라고요. 죽음이라는 사건을 다루는 데에는 상상력을 포기하지 않은 명민함이 되게 중요하다는 거겠죠.

'팩트'라는 이름으로 현상을 확인하는 식의 사고방식은 우리의 인식을 가로막아서, 드러난 것에만 집중하게 하고 그 아래, 구조를 바라보지 못하게 해요. 그 밑이 보이지 않기 때문에 아래가 보일 수 있도록 드러내는 게 중요하다고 생각해요.

언젠가 어느 공단에서 낸 조사 자료를 봤어요. 원청과 하청 산재율을 실질적으로 조사한 자료인데, 원청 산재율이 높은 경우도 있다고 나와요. 그럴 수 있어요. 하지만 사기일 수도 있어요. 현상적으로 관찰 가능하도록 통계 처리를 하고 과학적 방법을 사용했다는 등의 이야기를 할 수 있지만, 그것은 인간 사회 전체에 대해 전혀 고려하지 않고 특수한 숫자만을 드러낸 것일 수 있어요. 그렇다면 그건 폭력인 것이죠. 본질적 인식을 왜곡하는 거요. 거칠게 얘기하면 이건 배운 놈들이 할 짓이 아니에요. 조금 더 밑에 있는 걸 드러냈으면 좋겠어요.

폭력은 실체가 뚜렷하지 않아요

노무사로 일하면서 강렬한 인상을 받은 사건이 몇 있어요. 하나는 얼마 전에 끝난 사건인데, 이분이 새벽까지 물류창고에서 일하다 쓰러졌어요. 심장에 이상이 생긴 거죠. 대형 종합병원에 갔는데 수술 재료가 없어요. 그 병원에서 급히 신촌 세브란스병원까지 응급차로 갔죠. 그런데 도착하기 직전에 차가 고장 난 거예

요. 새 차가 와서 실어갔는데 도착 직전에 사망했어요. 만약 병원에서 이런 응급 상황이 다수이고 수익과 관련 있는 질환이었다고 판단되었다면 수술 재료가 갖춰져 있었을 거예요. 또, 응급차가 똥차인데도 환자를 실어 돈을 계속 벌어야 하니까 바꾸지 않고 굴린 거예요.

그럼 누가 죽인 거예요? 회사가 죽인 거냐, 병원이냐, 이송업체냐. 폭력이라는 건 우리가 생각하는 것처럼 실체가 뚜렷하지 않아요. 폭력은 일상적으로 널려 있고 의심하지 못하게 존재해요. 이 사건도 해결할 때까지 1년이 걸렸어요. 회사가 모든 자료를 숨기거나 거짓으로 제출했어요. 회사에서 출퇴근 시간 관련 자료를 허위로 제공해서 어쩔 수 없이 톨게이트 자료랑 GPS 추적해서 우리가 자료를 새로 만들었어요.

또 기억에 남는 사건은요. 그분은 청력장애가 있었어요. 살면서 굉장히 힘들었고 공부도 제대로 못 했을 테고 부모에겐 걱정되는 아들이었죠. 아버지와 친형을 직접 만나서 얘기를 들었어요. 회사에서는 일반적으로 장애인 고용을 기피하는데, 장애인의 경우 최저임금법의 적용을 받지 않기도 하거니와 장애인 고용에 따른 혜택이 있으니까 쓰기도 해요. 물론 그렇지 않은 사업장도 있지만요. 그분은 20대 초반의 젊은 분이었는데 어렵게 취직해 일하다가 공장 도금기계 안에서 사망한 채 발견됐어요. 귀가 안 들리니까 그분은 몰랐지만 다른 직원들은 퇴근 시간이 되자 불 끄고 모두 퇴근해버린 거예요. 도금기계가 낡아서 가끔 도금하는 제품이 약품통 안으로 떨어지는 경우가 있어요. 원래는 제품이 도금기계에 매달린 채 약품통을 통과하고, 다시 나오면 그걸 건조하는 건데, 가끔 제품이 도금기계를 통과하면서 약품통 속에 빠져요. 그러면 갈고리로 꺼내야 해요. 그분도 약품통에 떨어진 제품을 갈고리로 꺼내다가 그만 통 속에 빠진 거예요.

사건을 조사하고 오는 길에 그 죽음에 대해 생각해봤어요. 약품통 속에 빠져서 숨을 쉬면 도금약품 액체가 폐로 들어가 폐에 가득 차고, 그분은 고통 속에서 죽어갔을 거라는 생각이 들더군요. 도금약품은 독하니까. 컴컴한 상태에서, 아무도 없는 상태에서, 완전한 절망 속에서 고통스럽게 죽었을 거예요. 보세요. 이 사건이 공장에서 안전관리를 못 해서 일어난 일일까요? 한국사회에서 장애인은 어떤 존재인가요? 우리는 그들을 어떻게 바라보고 있나요? 그분이 장애가 없었다면 그토록 절망적인 어두움에 휩싸여 죽어갔을까요? 이것이 단지 산업안전 또는 산업재해라는 명사적 형태로 표현될 수 있는 것인가요?

자료를 조사하러 갔더니, 회사 측은 자기들이 피해를 받을 수 있다고 생각해서 뻣뻣하게 나와요. 여직원이 오더니 전화를 받아보래요. 상대방은 자기가 회사를 자문하는 노무사인데 서류를 그만 가져가라고 해요. 그래서 소리를 버럭 질렀죠. 쓸데없는 짓 하지 말라고 하면서 끊었는데 분이 안 풀려요. 양아치라고 생각해요. 그런데 그렇게 따지면 다 양아치인 거예요. 사회적 약자가 불미한 사고로 죽었다. 팩트는 기계 안에서 죽은 거예요. 문제는 이게 인식되지 않는 폭력이란 거예요. 인식하지 못하는 폭력이 폭력이란 걸 드러내야 해요.

성희롱이 우리나라에서 논쟁이 된 게 1990년대 중반이에요. 그전에 회사에서 엉덩이를 때리면 참아야 할 불쾌한 일이었어요. 전통 가부장제 사회에선 그게 뭔지 몰랐기 때문에 그랬어요. 문제가 있다는 걸 드러내고 알려서 지금은 성희롱·성폭력이 범죄가 된 거죠. 빈틈이 채워지지 않는 폭력성이 일상적으로 우리 삶을 얼마나 누르고 있는지에 대해서 인식해야 해요.

여린 이들을 섬세하게 대할 수 있어야 해요

동준 군의 경우는 일상적인 폭력의 대표적인 사건이에요. 현장실습생 아이들은 학교에서 공부하고 장난치고 게임 하던 어린 친구들인데, 특별한 교육이나 문화를 배우는 과정 없이 지금과는 다른 질서 속으로 어느 날 갑자기 들어가요. 그 질서는 유연하거나 부드럽고 예의를 갖추는 게 아니에요. 현장실습생 아이들에게 허용되는 게 이전과 달라요. 그건 문제가 있다고 매일 느끼지만 왜 문제가 있는지 모르는 질서이고, 위계적인 상황이에요. 군대문화같이 선후배 사이의 일상적 계급이 존재하는 공간이었을 테고, 동준 군은 현장실습생으로서 약자였어요.

우리 사회가 조금 더 좋아지려면 여린 사람들을 존중하고 여린 것들을 섬세하게 대할 수 있어야 해요. 그런 문화가 없으니까 고인의 죽음을 두고 '여린 친구가 몇 대 맞더니 심약하게 죽었다. 누군 입술 터지면서 그냥 다니고 인생이 그런 거지. 다 그렇게 알고 다니는데' 이런 해석이 나와요. 우리가 섬세함을 섬세하게 인식하지 못할 정도로 이미 일상이 폭력화돼 있는 거예요.

저 때만 해도 학교에서 선생님들이 몽둥이로 때렸어요. 중학교 때 칠판지우개로 칠판 앞에서 장난쳤다고 선생님이 제 친구랑 제 얼굴을 주먹으로 심하게 때렸어요. 저는 얼굴에 심한 충격을 느꼈지만 다음 날 괜찮아졌어요. 그런데 친구는 뺨 전체가 곪아서 심하게 부어올랐어요. 선생님이 그 친구한테 다가와서 이러시더라고요. 그러기에 왜 칠판지우개 갖고 앞에서 노느냐고. 그때는 그런 게 크게 이상한 일이 아니었어요. 우리가 인식하지 못하지만 우리는 일상적인 폭력 안에 놓여 있어요. 일상적인 폭력이 수많은 종류로 뻗어 있어서 온갖 죽음으로 발현되고 외로움으로 발현돼요. 우리가 얼마나 무뎌져 있는지조차도 모르는 거예요. 이게 이 사건의 본질 중 하나예요.

* * *

김기배 노무사는 인터뷰를 마치고 몇 달 후, 다음과 같은 메일을 보내왔다.

은유 선생님께

좀 전에 제가 맡은 해고 사건에 대한 문서를 작성해서 노동위원회에 보냈습니다. 한 노동자가 해고되어 제게 위임한 사건입니다.

공교롭게도 회사를 대리하는 노무사는 약 7, 8년 전쯤에 제가 예전 법인에 있을 때 수습노무사로 가르친 친구입니다. 그때 그 친구에게 "혹시 누가 알 수 있겠냐? 언제인가 서로 적(?)이 되어 노동위원회에서 만날지…. 그러니 내가 가르치는 거 잘 배워"라고 말했던 적이 있습니다.

제가 부당해고라는 내용의 문서를 작성하여 노동위원회로 보냈더니, 그 친구가 해고는 정당하다는 내용의 답변서를 제출했습니다. 잘 살펴보니 중요한 증거를 조작해서 위증하는 내용으로 문서를 제출했더군요. 그 서류를 회사에서 조작해서 다만 건네주었는지, 아니면 그 친구도 직접 가담해서 작성했는지는 모르겠습니다. 그러나 문장의 서술 방식이나 내용으로 보아, 또 제 경험에 비추어, 왠지 그 친구도 가담한 것 같다는 생각이 듭니다. 아마 제 생각이 그리 틀리지는 않을 것입니다.

아마 예전 같으면 (정은 없었지만) 짧은 시간이나마 다른 사람도 아닌 제가 직접 가르쳤던 노무사가 나를 상대로 서류를 조작했다는 것을 알았을 때 불같이 화를 내고 그에게 연락해 비난했을 것입니다. 그런데… 문제(?)는 제가 크게 화가 나지 않았다는 것입니다. 아니, 거의 화가 나지 않더군요. 살아오면서 세상의 거침을 어느 정도 알고, 그것보다 더 많은 것들을 보게 된 저로서는 '화조차' 나지 않더군요. 담담한 마음으로 서류 조작과 위증을 반박하는 문서를 작성하여 다시 제출했습니다.

선생님의 책은 저와 같이 무감각해진 사람들과 그와 같이 단지 세상에서 생존하고픈 많은 사람들에게 좋은 이야기를 들려줄 것이라 생각합니다.

좋은 책을 기대하며 파이팅하시길 바라겠습니다.

2부

김동준들

정책 만드는 사람은
다 힘 있는 사람이에요

이상영(이민호 아버지)

이제 나는 극소수가 누리는 부가
다수의 불행에 의해 만들어진 것이라는 사실을
결코 무심히 바라볼 수 없게 되었다.
__ 실라 로보섬

제주 부두에서 서귀포로 건설 자재를 싣고 납품 가다가 민호 담임선생님한테 전화를 받았어요. “민호가 사고가 났어요. 회사에서 아버님한테 전화하니까 전화가 안 된다고 해서, 대신 알려드려요.” 제가 바로 회사에 연락을 해보니까 애가 쓰러져가지고 말을 못 하고 있다고, 119 구급차에 싣고 간대요. 난 애가 잠시 기절했나 보다 했어요. 전화를 끊고 나서 앞에 있는 화물차가 짐을 풀고 있기에 가서 얘기했죠. “나, 아들이 사고 나서 119 구급차에 실려갔대. 내가 이 차 끌고 갈 테니 네가 내 차 끌고 가.” 그리고 애 엄마한테 전화해서 병원으로 오라고 했어요. 119 구급차는 제주대병원에 중환자실 자리가 없어서 중증외상센터가 있는 신제주 한라의료원으로 간대요. 그런데 그 시간대는 차가 밀려서 더 걸려요. “일단 한마음병원에서 응급조치를 해놓고 움직여라.” 그렇게 집사람을 병원으로 보내고 저는 화물차 몰고 서귀포에서 어떻게 가는지도 모르고, 앞뒤 구분 없이 넘어왔어요.

병원에 가서 아들 얼굴을 봤는데, 아…. 전혀 의식이 없고, 엄마 아빠라는 말은 하지도 못하고, 인공호흡기를 끼고 있는 상태였어요. 중환자실에 와서 한 시간 만에 처음 심정지가 왔어요. 심폐소생술을 30분 가까이 하다가 의사 선생님이 “애를 너무 힘들게 하는 것 같은데 그만하는 게 어떻겠습니까?” 그래서 제가 의사 선생님한테 무릎 꿇고 빌었어요. “식물인간이라도 좋으니까 호흡만 하게끔 해주십시오. 그러면 언제까지라도 내가 애를 데리고 있겠습니다.” 그랬더니 의사 선생님이 “한 번 더 해봅시다” 해서 다시 맥박이 뛰게 됐죠.

두 번째 심정지는 사망 전날, 사고 9일째 되는 날에 왔어요. 저녁에 중환자실에 들어갔는데 애를 부르니까 애가 눈을 돌리면서 저를 쳐다보는 거예요. 아, 좋아지나 보다! 애 엄마하고 저하고 30분 면회하고 나오는데 의사가 폐가 안 좋아졌다고 해요. 폐에 피가 차는지 호흡을 힘들어한대요. 아니겠지, 눈을 돌려서 엄마 아빠 쳐다보는 상태인데 아니겠지, 좋아졌겠거니 철없이 좋게 생각하면서 밥을 먹고 잠을 잤는데, 애가 새벽에 심정지가 와서 결국 1시간 반 동안 심폐소생술을 했는데도…. 중환자실에 들어와서 보니까 애 누워 있는 데가 피범벅이에요. 심장마사지 하면서 입으로 계속 피가 튀어서…. 도저히 못 보겠더라고요. 담당의사 선생님한테 그만하십시오, 애 힘들게 하지 말고 그만하시라고 하고, 의사 선생님은 조금만 더 해봅시다, 하는데도 아닙니다, 그만하십시다….

제 친구가 119 구급대원이에요. 그때 상황실에서 신고받고 출동 갔다 온 직원이 제 친구한테 그랬대요. "저 애는 두 번 다시 못 일어난다." 그런데 그 애가 네 앤 줄은 꿈에도 몰랐다고. 열흘 동안 중환자실에서 버텼다는 게 대단하다면서 저 애한테는 풀어야 할 숙제가 뭔가 있었나 보다고 그 직원이 그랬대요.

애가 중환자실에 있는 동안, 회사에서는 거짓말만 둘러대고 있었어요. 내가 애를 관 속에 눕히면서 애 가슴에 손을 얹고 얘길 했죠. "열흘 동안 버티느라 고생 많았다. 모든 이승에서 가슴에 응어리진 것, 모든 것 다 아빠한테 주고 가라. 그걸 이 아빠가 다 풀고 해소시키고 너 만나러 갈게."

사고가 민호 잘못으로 돼 있대요

사고 나고 다음 날인가, 중환자실 복도에 애 엄마랑 둘이 멍하니 앉아 있는데 어떤 사람이 왔다 갔다 하더니, 혹시 민호 군 아버님 되시냐고 인사를 해요. 명함을 주는데 보니까 민주노총 제주 본부 소속 노무사예요. 소식을 듣고 뛰어왔다며 혹시 도움이 필요하면 연락하래요. 지역 신문에 민호 기사가 작게 나왔는데 그걸 보고 찾아온 모양이더라고요. 민주노총에서도 오고 제주 다른 신문이랑 인터넷 신문 기자들 몇 명이 왔어요. 그런데 다 돌려보냈어요. 지금은 애 살리는 게 우선이다, 이슈화시키고 싶은 생각이 없다고 했어요. 왜냐면 애가 중환자실에서 신장이 안 좋아져서 투석기를 돌려야 한대요. 투석기가 두세 시간마다 호스가 막혀서 교체해야 하는데 가격이 한 세트에 150만 원이야. 보험회사는 하루에 세 개밖에 안 해준대. 하루가 24시간인데 열 개가 들어갈지 스무 개가 들어갈지 모르는데 병원에서는 호스를 사다주든지 돈을 예치시키든지 하라는 거야. 민호 회사에 전화해서 지금 사정이 이렇다, 지급보증해달라 그러니까 회사는 걱정하지 말래요. 바로 지급 확인서를 쓰고 투석기를 돌리고 있었기 때문에 기자들한테 당부한 거죠. 회사에서 갑자기 눈 돌아가서 돈 안 대주면 애가 죽으니까 제발 이슈화시키지 말라. 나중에 모든 걸 이슈화시킬 테니 그때 와라.

장례를 치르면서 세상에 알려졌죠. 그런데 계속 보이던 회사 대표가 장례식장에서 안 보이더라고. 기분이 이상해. 애가 중환자실에 있을 때 회사에서 산업재해 신청서를 가져왔거든요. 내용은 자세히 안 보고 제가 원무과에 접수했는데 혹시 모르니까 한 부 복사해서 갖고 있었어요. 그 산재 서류를 민주노총 노무사한테 보여줬더니 노무사가 그래요. "아버님, 민호 잘못으로 돼 있습니다. 바로잡으셔야 합니다."

이번이 세 번째 기계 고장이었어요

지금 우리 회사 상황. 원래 있던 베테랑들이 우리 같은 초보한테 1주일 미만으로 알려주고 퇴사함. (2017년 8월 5일)
아직 고딩인데 메인 기계 만지는 것도 극혐인데 기계 고장 나면 내가 수리해야 됨. ㅂㄷㅂㄷ. 야근은 덤이고. 작업장 실내온도 진짜 실환가 싶을 정도로 개 힘듦. 절정으로 치달으면 40도 넘고 안 그래도 35도에서 40도 사이 왔다 갔다. (…) 그 안에서 12시간 동안 앉지도 못하고 왔다 갔다 ××함. 단 1분을 못 앉음. (2017년 8월 6일)
내가 언제 어떻게 사고가 날지 모르고 내가 일하는 데 자체가 위험한 데여서 돈을 어느 정도는 남겨둬야 후환이 안 두려움. (2017년 8월 13일)
원래 7시 30분 출근해서 6시 퇴근인데 내 거 기계 볼 수 있는 사람이 없어서 나 혼자 10시 30분 퇴근. (2017년 9월 18일)

- 민호가 친구에게 보낸 카카오톡 중

민호가 2017년 7월 20일부터 생수 공장에 현장실습을 나갔어요. 전임자가 일주일 동안 애한테 일을 가르쳐주고 그만둬서 애 혼자 기계를 맡았어요. 그 기계가 세 가지가 맞물려 돌아가요. 생수 완제품을 이동시키는 컨베이어벨트, 생수 완제품을 쌓는 적재기(팰리타이저), 적재된 생수 완제품을 비닐로 포장하는 비닐 포장기(팰릿 래핑기). 비닐 포장까지 마친 생수 완제품을 지게차로 날라서 적재 공간에 쌓는 업무까지 민호가 담당했어요. 그날 생수를 쌓을 때 중간에 종이를 넣는 기계가 갑자기 멈췄어요. 그래서 애가 컨베이어벨트를 멈추고 기계 안으로 들어가서 문제를 해결하고 나오다가 팰리타이저와 컨베이어벨트 사이에 목과 가슴이 끼인 거예요.

원래 정상적인 기계라면 공정 중 한 군데라도 문제가 발생하면 전 공정이 중단되어야 해요. 세 부분 중 두 부분이 정지하는 문제가 생겼는데도 컨베이어벨트는 계속 돌아갔어요. 또 평소에 기계가 위험하니까 펜스 같은 방호 장비를 갖추고 작업자가 못 들어가게 해야 하는데 그것도 없어요. 회사는 뭐라고 하냐면, 기계는 문제가 없다, 비상정지 스위치를 누르고 들어갔으면 괜찮은데 누르지 않아서 사고가 났다, 민호 과실이래요. 며칠 있다가 경찰에서 증거를 제시한 다음에야 잘못을 시인했어요.

민호 전임자도 기계에 문제가 있다고 몇 번이나 위에 보고를 했어요. 그런데도 시정이 안 되니까 그만둔다고 얘기한 거고, 회사는 후임자 올 때까지 기다리라고 하던 참에 실습생으로 똘똘하고 말 잘 듣는 애가 오니까 넘기고 나간 거예요. 사고 나고 그 전임자랑 통화를 했어요. 그분도 말이 계속 달라져요. 처음엔 민호가 비상정지 스위치만 눌렀으면 이런 일이 없었을 거래요. 그래서 제가 당신도 잘못한 것 아니냐고 물었더니 회사에서 배치시켜줬고 자기는 퇴사하기 위해서 어쩔 수 없었대요. 그 말도 맞죠. "그럼 그 기계가 잔고장 많다는 거 인정하네요?" 그랬더니 "인정합니다. 회사도 압니다" 그래요. 기계 고장은 민호가 일하면서 위에 보고했을 때도 시정 조치가 안 된 거예요.

이게 민호가 있을 때 세 번째 기계 고장이에요. 첫 번째로 고장 났을 땐 휴대폰 액정이 깨졌고, 두 번째는 기계 위쪽을 정비하다 떨어져 갈비뼈를 다쳤어요. 그때 민호가 응급실에 갔다가 집에서 쉬고 있었는데 회사에서 굳이 애를 불러다가 기계를 작동시키게 했어요. 민호한테 차 보낼 테니 오라고 불러요. 애가 집에 와서 한 얘기가 있어요. 회사에 사복 입고 갔더니 모든 기계가 중지돼서 아무 일도 안 하고 있더라. 자기가 고쳐서 했다고요. 그 회사에 임이사라는 직원이 우리 민호보다 베테랑이에요. 공장이 생기고 지금까지 일하고 있는 사람이에요. 그 사람을 시켜서 고치면 되지, 왜 집에 있는 애를 불러다 시켰냐고 물었을 때 그것에 대해 답변을 했냐? 안 했어요. 회사는 민호를 실습생이 아니라 직원처럼 대했대요. 직원한테 최저임금을 주나요? 학생을 데려다 일주일 교육하고 베테랑 직원이 할 일을 시켰어요. 공장장한테 당신은 사기꾼이다, 진짜 나쁜 사람이라고 그랬어요. 듣고만 있어요. 아무 대답도 안 해요.

담당기관은 다 의무사항이 아니래요

안전보건공단(구 산업안전관리공단)이나 노동청 조사국장은 '빠레뜨'(물건 쌓는 받침대)가 노후돼 센서에 맞지 않아서 기계 에러가 발생했대요. 제가 따졌어요. "당신들이 말하는 대로 빠레트 때문이라면 직원 아무나 가서 만지면 되는 것 아닙니까." 그렇게 간단한 문제라면 누구나 가서 건들기만 하면 되는데, 회사에서는 다쳐서 쉬고 있는 애를 불렀어요. 기계 고장의 원인을 설명 못 해요. 찾을 생각도 안 하고 다시 공장이 돌아가요. 이게 가장 속 아픈 얘기예요. 학생한테 공장의 중추적인 역할을 하는 기계를 다 맡겼고, 기계 안전에 문제가 있어서 이 사고가 났는데, 사고가 난 원인을 제대로 찾지를 않는 거예요.

안전보건공단은 5년 동안 그 회사에 방문을 한 번도 안 했어요. 단 한 번이라도 안전점검을 했으면 이 사고는 없었습니다. 일어나려고 해도, 일어날 수가 없어요. 우리 애 사고 현장을 보니까 안전관리 수칙도 없고 책임자도 없고 안전망도 아무것도 없어서 공장장한테 물어봤어요. 왜 안전조치 안 했냐고. 그랬더니 의무사항이 아닙니다, 이제 외양간 튼튼하게 고쳐놓겠습니다, 그 말만 해요. 노동청은 사고 나고 그 회사에 특별 안전점검 나가 생산 중지 명령을 내리고 벌금 물리고 시정 명령 했다고 손 놓고 있어요. 교육부는 사고가 터졌는데도 표준협약서를 어긴 회사에 대해 단 한마디 못 해요. 우리 애는 학생인데 왜 근로기준법으로 적용하냐. 애초에 표준협약서는 왜 만들었냐. 교육청에 가서 애기하니까 노동부에서 알아서 하는 거래요. 그래서 노동부 가서 얘기하니 자기네는 모르는 일이라고.

혼자만의 싸움이에요. 철저히 혼자예요. 다 쫓아가서 얘기해봐야 그 사람들은 아무것도 안 해요. 그 사람들은 자기 자식 새끼들만 안 다치고 시간만 때우면 돼요. 그 사람들이 잘하는 소리가 있죠. "저도 애 키우는 부모입니다." 그건 맞지. 그런데 자기 애가 죽은 게 아니잖아요.

첫 월급이 250만 원이었던 이유가 있었어요

민호가 열아홉 살에 현장실습 하고 받은 급여가 250만 원이에요. 야간 근무랑 토요일 연장 근무 수당까지 합친 급여예요. 부모 입장에서는 솔직히 표준협약서를 보지도 못했고, 근로계약서는 원래 부모님 사인이 있어야 되는데 그것도 없었어요. 애가 집에 오면 잠만 자요. 그렇게 번 돈으로 민호가 용돈을 줬잖아요. 집이랑 회사가 멀어서 제가 태워주니까 기름값 보태라고 용돈을 주고, 첫 월급 타서 식사를 대접했어요. 우리 애가 어른스러워지고 자기 스스로 헤쳐나가려고 하는구나, 그런 생각을 했죠.

방치했던 제 잘못이죠. 아이가 왜 이런 봉급을 받았는가를 알아봤어야 되는데 못 했으니까요. 제가 느낀 게 그거예요. 청와대 앞에서 얘기했던 것도 마찬가지지만, 교육부, 고용노동부, 안전보건공단, 회사가 잘못한 게 아니야. 누가 잘못했냐? 아빠가 잘못이야. 이 사회는 잘못이 없다는 거예요. 돈 없는 아빠 밑에 태어나게 한 게 잘못이고, 돈 없어서 좋은 교육 못 시켜서 특성화고 가게 만든 것도 아빠가 잘못이지. 특성화고 가서 그 회사 보낸 아빠가 잘못이지. 거기에 제가 가라고 했거든요. 예전에 화물차 운전할 때 그 회사 본부장과 아는 사이였어요. 도중에 본부장이 바뀐 건 몰랐어요. 그 죄책감도 커요.

민호 형이 있는데 민호보다 한 살 위예요. 그 애가 고등학교 진로 결정할 때 내가 어깨 인대가 끊어져 수술을 했고 애 엄마가 디스크로 쓰러졌어요. 다 손 놓고 있을 때 한시적으로 수급자 혜택을 받았어요. 큰애가 집에 와서 그래요. 고등학교 3년 동안 학비랑 기숙사도 무료로 해주는 데가 있다고, 차라리 거기로 가는 게 낫지 않냐고 선생님이 말했대요. 큰애가, 나 그 학교로 갈래, 해서 갔어요. 그다음 해에 민호가 중3이 됐는데, 이제 고등학교 얘기를 할 때가 됐는데 안 하는 거예요. 이상하다 싶어서, 학교는 어떻게 된 거냐고 물어봤더니 그제서야 말해요. "어, 내가 다 알아서 했어. 형이 다니는 데가 3년간 학비도 무료고 기숙사도 공짠데 나도 거기 갔어."

이제 민호의 운동화를 빨 수 없어요

저희 애들은 중학교 2학년 때부터 집에서 밥하고, 방 청소도 자기가 했어요. 어릴 땐 제가 애들 운동화는 빨아줬고요. 왜 그랬냐면, 저는 열 살 때부터 집안 살림을 했어요. 아버지가 저 열 살 때 일찍 돌아가셔서 엄마는 직업 전선에 나가고, 큰형은 군에 가고, 큰누나 작은누나는 시집가고, 밑에 여동생이고, 바로 위에 작은형은 축구선수로 스카우트됐는데도 아버지가 돌아가셔서 중학교를 못 갔어요. 작은형도 직업 전선에 뛰어들고 나니까 집에 남아 있는 건 여동생하고 나예요. 내가 밥하고 청소하고 다 했죠. 초등학교 6학년 때까지 운동화를 신어본 기억이 없어요. 검정 고무신만 신었죠. 축구를 좋아해서 고무신 신고 축구하다가 고무신이 '빵꾸' 나서 어머니한테 혼나고요. 그때 한국타이어, 삼양타이어가 유명했죠. 6학년 추석 때 어머니가 운동화를 한 켤레 사줬어요. 운동화 하나 사주면 안 되냐고 해서 사준 걸 이제 일주일에 한 번씩 빠는 거야. 너무 좋아서요. 고무신은 빨지도 않잖아요. 그때 추억이 있어서 애들 운동화는 제가 빨아주고 그랬죠. 그러면서도 애들한테 억압적이고….

제가 아빠가 어떻게 해야 하는지를 몰라요. 아버지가 기억에 없어요. 얼굴도 기억이 안 나고요. 아버지가 마흔아홉 살에 돌아가셨는데 돌아가시기 3년 전부터 아버지한테 매 맞은 기억밖에 없어요. 주사가 심했어요. 아버지가 술 먹고 오면 밥도 못 먹고 형하고 손잡고 아버지 주무실 때까지 동네 어귀를 배회하는 거지. 저도 애들 어릴 때 좀 그런 게 있었어요. 그러다가 애 엄마랑 크게 싸웠죠. 그 이후부터 애들을 때리지 말아야겠다고 결심하고 스스로 많이 노력했는데, 진짜 친근감 있고 그런 아빠는 아니었어요.

민호하고도 회사 들어가기 전에 같이 앉아 얘기하면서 가까워졌어요. 그 회사 들어가서 태워가고 태워오면서 대화를 많이 했죠. 말이 통했어요. 아들과 아빠의 대화가 남자 대 남자의 대화가 되고 많이 가까워졌는데 허망하게 보냈죠. 지금도 잠들면 새벽 서너 시엔 꼭 깨요. 우두커니 앉아 있으면 애 생각밖에 안 나는 거야. 마지막으로 일요일 저녁에 태우고 가서 헤어질 때 나눴던 대화가 있어요. "아빠, 금요일에 올 거지?" "그럼 오지. 걱정하지 마. 아빠가 꼭 데리러 온다." "금요일에 가면 컴퓨터 할 거야." "아빠가 엄마한테 얘기해서 컴퓨터 부품 결제 다 할 테니까 걱정하지 마." "아빠, 오케이~" 그렇게 웃으면서 들어갔는데 애 목소리도 못 듣고 보냈으니까요. 그리고 기억이 나는 게, 사고 동영상 CCTV 본 장면이 자꾸 떠올라요. 집에서 뭐 하다가 문득 애하고 같이 했던 일들이 생각이 나고. 이럴 때 애가 이런 얘기했는데, 하고 자꾸 떠오르니까, 내 자신이 견디고 있다는 게….

애들을 보내려면 확실한 안전장치를 마련해야죠

특성화고가 전공에 맞춰서 현장실습 나가는 게 안 지켜지는 것 같아요. 그 회사에서 학교로 취업 의뢰가 왔는데 자동차과 학생이 실습을 안 가겠다고 하니까 지게차 면허가 있는 민호를 대신 끼워넣은 거예요. 현장실습 제도 자체가, 근본적인 취지는 따로 있겠지만, 현장에서는 결국 회사 말 잘 듣고 다루기 쉬운 인력을 공급하기 위한 제도로 완전히 전락을 해버린 것 같아요. 취업률에 따라 학교에 점수가 매겨지고 지원금을 받으니까 일단 아이들을 내보내는 것만 신경 써요.

사고가 나도 쉬쉬해요. 9일날 민호 사고가 났는데 10일날 아침에 학교에서 함구령이 떨어졌어요. 교감이 전 학생이랑 선생님, 행정실 직원까지 모든 학교 담당자를 모아놓고 사고 건에 대해 발설하지 말라, 현장실습 나갔다가 사고 나서 중환자실에 있다는 걸 말하지 말라고 했대요. 그 교장선생님은 다음 달에 정년퇴직했을 거예요. 이런 사고가 났는데도 회사 대표한테 가서 따진 선생님이 한 사람도 없어요. 딱 한마디 했죠. 애가 가고 나서 취업 담당 선생님이 회사에다가 차후에 어떻게 대처하실 거냐고 물었더니 회사에서 그랬대요. 잘하면 근로계약서로 산재 처리할 거고 아니면 표준협약서로 할 거니까 알아서 하시라고 했다고, 그걸 저한테 그대로 전해요. 교사로서 항변하는 게 아니라 회사 말을 그냥 학부모한테 전달하는 게 뭡니까. 제자가 그렇게 됐는데도 오로지 학교가 어떻게 될 것인가만 신경 쓰고 있어요. 장례식장에 와서 민호 앞에 고개 숙이고 사과하는 사람도 없어요. 그러다가 사고 19일 만에 교장이 도의회에서 질타를 받고 학부모들한테 일괄로 사과 문자를 돌렸어요. 그 문자를 저도 받았는데 우리 애 이름이 "이민우"라고 쓰여 있어. 참내.

제가 특성화고 학생들 현장실습을 반대하는 건 절대 아니에요. 확실한 안전조치가 없으면 내보내지 마라. 안전장치를 마련하고 만약에 사고가 나면 모든 책임은 회사에서 지고 회사 문닫을 정도까지 벌칙을 줘야지 이런 일이 두 번 다시 안 일어난다는 거예요. 지금은 미온적으로 몇천만 원 벌금 주고 말아요. 민호 후배들이 그 공장에 다시 갈지 모르는데, 공장이 재가동되고 있잖아요.

그 회사에서 한다는 말이, 앞으로 안전인증제를 하겠다는 거예요. 그런데 그 회사 정문에서 오른쪽 벽을 보면 '안전우수업체' 인증 마크가 붙어 있어요. 이미 안전인증을 받은 회사에서 사고가 나서 애가 죽었어요. 명목상 안전인증을 하는 거죠. 노동청에서 대충 방문해서 사무실 오찬이라고 차 한잔 마시고 공장 휘둘러보고 나오는 거예요. 학교도 그래요. 현장실습 나간 민호 관리감독을 2년차 담임교사가 맡았어요. 실습 기간에 두 번 현장을 방문했는데 유리창 너머에서 본 거예요. 그 공장이 안전한지 아닌지 안에 들어가서 볼 수도 없고 봐도 알지 못하잖아요. 교사가 자기 학생들의 근무환경을 확인하기 어려워요. 제주도 교육청은 학교마다 있던 취업 담당관을 2년 계약기간이 끝났는데 더 연장하지 않았어요. 진짜 그 안전 전문가들, 세상 물정 다 알고 온갖 풍파를 다 겪은 사람들이 꼼꼼히 봐야 해요. 책으로만 본 공무원들이 뭘 알아. 기계에 손가락을 잘려봤어, 발등을 찍혀봤어. 그런 놈들이 무슨 안전인증 허가를 줘요.

민호 추모비를 교육청에 세워달라고 했어요. 제가 그걸 요구하는 목적은 하나예요. 이 사고는 어른들 잘못으로 벌어졌기 때문에 출퇴근 시에 추모비를 보면서 두 번 다시 이런 일이 없게끔 하라는 뜻이에요. 그랬더니 교육청에서 뭐라고 하냐면, 추모비를 세우면 선례를 남긴다, 크고 작은 사고가 생길 때마다 세운다면 교육청 마당은 추모비로 가득 찰 것이다. 이게 무슨 소립니까. 사고가 안 나게 노력을 해야지, 사고가 나는 걸 당연지사로 여기고 있어요. 그러면 자기들이 근무 태만이란 말밖에 더 되느냐고요.

이런 사고가 왜 자꾸 일어날까요?

제가 삼십대에 7년 동안 노조 활동을 했어요. 그때 집사람하고도 많이 다퉜어요. 왜 당신이 그래야 하냐고. 그래서 제가 그랬죠. "나 좋자고 하는 거 아니야. 지금 당장 나한테 도움 되는 거 없다. 애들이 커서 내 자리에 왔을 때 나 같은 대우를 받게 하면 안 되잖아." 그 말을 듣고 집사람도 이해를 했고 그 후에는 별말이 없었어요. 노조 활동을 그만두고 나서 세상이 조금이라도 좋아졌겠지 하는데 더 나빠졌어요. 지금은 노조 없는 회사가 더 많고 노조를 못 만들게 하는 회사가 더 많아요. 직원 중에 30%가 정규직, 70%가 비정규직이에요. 똑같은 일을 하는데 봉급은 달라요. 이게 잘못된 거죠.

대한민국 국회는 있는 사람들을 위해 법을 만들어요. 있는 사람들한테 밥 한 끼 얻어먹고 정치자금 뒷돈 받으면서 해달라는 대로 해주니까 없는 사람만 힘들게 하는 법을 계속 만드는 거예요. 자기들은 국회의원을 그만두면 평생 연금이 나오잖아요.

출석 안 해도 지들 세비는 꼬박꼬박 잘 받아요. 그러면서 법은 잘 만들어요. 무슨 일만 터지면 무슨 법, 무슨 법…. 민호 일 겪고 나서 저는 엄청 바뀌었어요. 이제 대한민국 공무원이나 그 누구도 안 믿어요. 아무리 정직한 공무원이라고 해도 안 믿어요. 자기 일에는 불같이 날뛰지만 남의 일에는 나 몰라라 해요. 자기가 공직자라면, 나라 세금 받아먹는 공직자라면 국민들한테 헌신해야 하는데, 자기 신상에 이로운 일이 아니면 안 움직여요.

민호가 그렇게 된 다음에 다른 사고가 나서 애들이 다쳤다는 뉴스가 나오면, 가서 죽이고 싶죠. 죽이고 싶어요. 이런 사고가 왜 일어날까요? 시스템이 안 바뀌는 것도 있지만요. 원칙을 지켜야 할 사람이 안 지켜서 그런 거예요. 사업하는 사람들은 어떻게든 자기 지출을 줄이고 수입을 증대시키려고 하죠. 관리감독을 하는 사람들이 철저히 하면 아무 사고도 안 나요. 공무원들이 오너한테 돈 받아처먹고 아무 일도 안 하니까 사고가 나잖아요. 대통령은 임기가 5년이지만 자기네는 평생이잖아요.

제가 느낀 게 뭐냐면요. 대한민국에 살면서 말 잘 들으면 죽는다는 거예요. 말 잘 들으면 회사에서 이용해먹고 최악의 업무만 시키니까 말 잘 들을 이유가 없어요. 대한민국에서는 돈 없는 사람은 살 가치가 없어요. 돈 없고 힘없는 사람을 위한 정책은 안 나와요. 왜? 정책을 만드는 사람은 다 힘 있는 사람이에요. 나올 수가 없어요. 평소 민호한테는 착하게 살고 남 해코지하지 말고 맡은 일 열심히 하고 살아라, 그렇게 말했어요. 민호는 그렇게 커줬고요. 결론은 말 잘 들으니까 세상을 등지게 되는 거예요.

돈 없고 힘없는 부모 잘못이에요

장례식장에 있을 때 민호 기사에 이런 댓글이 달렸어요. 아들놈 냉장고 속에 집어넣어서 돈 벌려고 한다고. 엄청 충격받았죠. 아니, 생각을 해봐요. 아들이 사고로 죽었다는데, 회사가 자기네 잘못은 없고 아이 잘못이라고 하는데 어느 부모가 안 싸우겠어요. 말리는 사람이 많았죠. 심지어 형제지간에도 와서 그만하라고, 입방아에 오르락내리락하는 게 듣기 싫대요. 에휴, 놔두자. 지 새끼가 그렇게 죽어봐야 그때 돼서야 후회할 거예요. 내 새끼 죽어서 그것 때문에 싸우는 게 아니라 차후에 이런 일이 없게 하려고 싸우는 건데….

올 4월엔가 뉴스에 났어요. 군인이 다쳐서 후송을 빨리 했으면 살았는데 늦어져서 죽은 사고가 있었어요. 그 군인 엄마가 제가 우리 아들 보내놓고 한 얘길 그대로 했더라고요. "이 세상은 잘못한 사람이 없더라. 엄마 아빠가 잘못이더라. 그 애를 이 세상에 있게 한 엄마 아빠가 잘못이다." 제가 우리 애들 보내고 나서 청와대 앞에서 시위할 때 한 말인데 그 얘길 똑같이 하는 거예요. 이런 아픔을 같이 겪는 사람이 있구나 했어요.

제가 어떤 토론회장에서 마지막에 이런 얘기를 했죠. "이제 결혼하실 분들한테 제가 한마디만 하겠습니다. 부자가 아니면 애 낳지 마세요. 대한민국은 부자가 아니면 애 낳고 키울 나라가 아니에요. 부자가 돼야 애 낳고 키우고 험한 일을 안 시키지. 돈 없고 빽 없는 사람은 애 낳고 저세상으로 보내는 거예요. 애가 있는 분은 애들한테 이 얘기 꼭 하세요. 어른 말 듣지 마라. 선생님 말 착하게 잘 들으면 바다에 빠져 죽는다. 회사 가서 윗사람들 말 듣지 마라. 대한민국은 착하고 말 잘 듣는 사람은 죽는 거야."

그런 걸 세상이 알면서도 사람들은 눈감고 침묵하고 있어요. 아픔은 부모만의 책임이고 부모의 잘못이고, 모순된 세상이나 모순된 생활을 하는 공직자는 잘못이 없다는 거예요. 모순된 생활을 하면서 근로자의 피를 빨아먹는 사업자는 잘못이 없다는 거예요. 이 나라는 바뀌려면 딱 하나밖에 없어요. 진짜로 바뀌려면 대한민국 국민이 정신 차려야 돼요. 어차피 내 일 아니다, 나만 아니면 된다는 생각을 가진 사람이 너무 많아요. 그러니까 가진 자들끼리만 살라고 내버려둬야 돼. 없는 사람들은 애를 낳지 말아야 돼. 둘이 벌어먹고 쓰고요. 그럼 결국은 밑에 일할 사람이 없어요. 그걸 알아야 해요. 이런 세상은 애 낳을 이유가 없어요. 제가 큰애한테도 그래요. "여자친구랑 나중에 애 낳지 마라. 둘이 행복하게 살아라."

아픔이 클수록 아픈 사람끼리 모여야 해요

가끔 세월호 유가족을 만나요. 제주에 한 분 있어요. 저희 애는 민호고, 그 애는 민우. 아들 이름이 비슷해요. 민우 아빠가 안산에서 제주로 내려왔어요. 3월엔가 제가 갑자기 복통을 일으켜서 쓰러졌는데, 호흡이 곤란할 정도여서 제주대병원 응급실에 실려

갔죠. 심장이 이상 박동을 일으켰어요. 민우 아버님이 그 새벽에 제주대병원에 오셨더라고요. 퇴원한 다음에 민우네 집에 가서 하룻밤 자고 오기도 했죠. 세월호 대책위를 맡고 있는 유경근 씨가 진행하는 팟캐스트에도 출연했고요. 제가 대형 화물차를 운전하는데, 제주와 육지를 화물차로 이동하니까 배를 이용했고 세월호도 탔어요. 2014년 4월 16일도 원래는 세월호를 타려고 했는데 안 타고 목포에 내려와서 탔어요. 이것도 인연이냐고 유경근 씨가 웃더라고요.

아픔이 크면 클수록 아픈 사람끼리 모여야 돼요. 전 세계 어느 나라 사람도 이해는 못 합니다. 민호 엄마나 저나 집 밖에 안 나왔어요. 해를 보는 게 미안해서…. 눈뜨면 아무 생각 없이 그냥 있는 거예요. 하는 게 없어요. 기껏해야 방 청소나 하죠. 어떤 걸 해야 할지 찾아봐야 될 것 같아요.

제가 운전을 오래 했어요. 화물차 운전 전엔 택시 운전, 렌터카 운전, 셔틀버스 운전. 운전은 내 전문인데도 운전대를 다시 잡으려고 하니 겁이 나요. 운전을 장시간에 걸쳐 하면 몸이 부들부들 떨리는 증상이 있고요. 핸들을 살짝 틀면 나는 바로 갈 수 있는데. 그런 생각이 들어요. 시간이 지나면 다 해결될 거니까 이제 내 임무가 끝났구나. 핸들을 돌리고 싶은 생각이 많아요. 애 목소리도 듣고 싶고, 진짜 가고 싶어요. 따라 가고 싶은 충동을 일으킬 때가 너무 많아요. 자기가 실습 나가 직장생활 하면서 아빠를 더 이해하게 됐다고, 그런 얘기 하고 불과 5일 만에 애가 가버리니까. 애 엄마도 '엄마' 소리 한마디만 들었으면 속이 덜 아프겠다고 해요.

민호 형도 많이 힘들었죠. 고등학교 졸업하고 들어간 회사를 그만두고 싶어도 그만두지 못했어요. 엄마가 1년에 1천만 원짜리 적금을 들어놔서 부리나케 그걸 벌어들이려고 했죠. 군에 가기 전에 1300만 원 정도 모아놨어요. 이번에 집 이사할 때 보태주고 군에 갔죠. 민호도 부지런히 일 많이 했어요. 야간 작업도 마다 않고 돈 많이 모았죠.

특성화고가 거의 없는 집 애들이 많이 가잖아요. 인문계는 대학을 목표로 가는 건데, 부모가 대학 입시를 받쳐주질 못하니까…. 어려서부터 애들도 알아요. 친구들은 영어·수학 학원으로 뺑뺑이 도는데 자기네는 그런 델 안 가니까 벌써 집에 돈이 없다는 걸 알아요. 그래서 생각하는 자체가 걔네하고 다른 거예요.

그때가 되어야 제 일이 끝나는 거겠죠

특성화고 아이들에게 얘기해주고 싶어요. "회사 말이라고 다 옳고 어른 말이라고 다 정답이 아니다. 네 생각과 네 말이 정답이라고 생각하고 행동해라. 회사에서 생긴 어려움은 끙끙 앓지 말고 선생님과도 말하지 말고 가까운 민주노총 노무사를 찾아가라."

학교에서도 특성화고 애들한테 이걸 가르쳐줘야 돼요. 회사에서 부당한 대우를 받을 때 선생님이 뭘 해결해줄 수 있나요? 아이가 현장실습 나가서 힘들고 문제가 있으면 학교로 불러들여야 하는데 안 불러들이잖아요. 돌아오는 애들은 시말서 쓰고 반성문 쓴다고 들었어요. 그러니까 제가 학교에는 통보하지 말라는 거예요.

나 같은 일을 겪어서 이런 상황을 아는 부모들이 있으면 특성화고 애들이 실습 나가기 전에 교육을 해야 돼요. 부모로서 우리 애가 사고로 갔다는 걸 얘기해주고 교육시키면 돼요. 그런데 학교에선 유가족에게 지원 요청을 안 하죠. 학교는 싫어하겠죠. 그래도 분명히 이런 교육은 시켜야 돼요.

내가 이러고 있으니까 멀쩡한 것 같지만 당이 갑자기 올라서 지금 인슐린을 맞고 있거든요. 당뇨가 심해요. 5년 전에 있다가 괜찮아졌는데 충격 때문에 다시 생겼어요. 팔도 안 좋아요. 작년 6월에 팔꿈치를 다쳐서 물리치료 받다가 애가 사고 나는 바람에 치료를 못 받고 있었어요. 그런데 애 일이 다 끝나고 나서 갑자기 통증이 올라오는 거예요. 병원에서 MRI 찍어보니까 인대 두 개가 종이처럼 빳빳해야 하는데 흐물흐물해서 없어지는 상태까지 됐대요. 통증이 지금 심해요. 그 수술을 하고 5일 만에 서울 갔죠. 반올림에서 수은중독으로 열다섯 살에 사망한 문송면 씨 30주기 행사를 한다고 저보고 올라와서 민호 얘기 좀 해달라고 해서 참가하고 왔죠.

교육청에서 지원해줘서 집사람이랑 저랑 심리상담은 받고 있어요. 집사람은 신경쇠약으로 입원 중이에요. 밤에 잠도 못 자요. 입원 전에 신경이 날카로워서 아무 일도 아닌 걸로 부부 싸움도 많이 했어요. 집사람이 어느 날은 갑자기 배 타고 친정이 있는 추자도로 들어가버려서 데리고 나왔어요. 진짜 그런 땐 저도 다 내려놓고 싶었어요. 다 내려놓고 훨훨 떠나고 싶어요. 삶이 너무 허무하고 내가 왜 살아야 되는가. 이 세상에 살면서 이 고통을 왜 겪어야 되는가. 조용히 눈감아버리면 아무 일 없을 텐데. 이런 고통도 안 느낄 텐데. 이런 생각이 들 때도 많고….

민호 사고가 산업재해는 인정됐죠. 회사에 실습생을 배치시켜놓고 관리감독자가 없어서 사고가 났으니 그건 회사 잘못이다, 책임자 부재는 잘못이다, 그렇게 산재 판정이 난 거죠. 그 회사에서는 민호를 죽인 그 기계를 점검이나 원인 분석도 제대로 하지 않고 계속 생수를 만들고 있어요. 지금 공무원들은 큰 파도는 끝났다고 느끼는 것 같아요. 그 사고의 정확한 원인을 밝혀낼 때까진 가야죠. 기계에 어떤 고장이 나서 회사에서 애를 불러들였고, 이 사고의 원인이 됐는가. 법정에서 애 죽음에 대한 진실이 명확하게 밝혀져서 잘못이 있는 사람은 처벌받게 만들고 신문지상에 대고 누구의 잘못으로 한 학생이 갔다는 게 공표되게 하면 제 일이 끝나는 거겠죠.

이 아이들은 우리 사회의

가장 열악한 부분을

최전선에서 만나는 거예요

장윤호(이천제일고등학교 교사)

우리들이 저지른 잘못들이 저기,
우리보다 먼저 미래로 가서 자욱하다.
__ 이문재

나는 특성화고 3학년 담임을 할 때 취업 업무를 맡은 적이 있다. 어느 날, 업체에서 전화가 왔다. 그 업체에 나가 있던 학생 두 명이 모두 그만뒀다는 것이다. 나는 급하게 학생들과 통화했고, 학부모에게도 전화를 걸었다. 나는 한 학생 아버지의 말에 할 말을 잃었다.

"저도 직장생활을 하기 때문에 잘 압니다. 직장에서 잔업이니 야근이니 하지 않을 수 없지요. 그런데 이건 너무 심한 것 같습니다. 아직 졸업도 하지 않은 학생한테 어떻게 매일 밤 12시, 1시까지 일을 시킬 수가 있는 건가요? 그런데 잔업수당도 제대로 지급하지 않는 것 같아요. 아이를 보낼 수는 없습니다."

나는 바로 업체에 전화했다. 관리책임자는 현장 담당자에게 학생들에게 잔업을 조금만 시키라고 했다고 한다. 하지만 사후약방문이었다.

- 2011년 11월 25일 『오마이뉴스』 기고글 중

요즘엔 '이게 문제다'라고 단순하게 말을 못 하겠더라고요. 기아차 김군 사건이 났을 때 제가 글을 한 편 써서 『오마이뉴스』에 보냈어요. 화가 나더라고요. 꽤 긴 글이었는데 전문이 다 실렸어요. 그만큼 특성화고가 복잡 미묘한 문제예요. 입시의 문제, 줄 세우기의 문제, 노동 인력 수급의 문제, 기업 이익의 분배 문제, 당연히 노동인권에 대한 인식의 문제, 그 밑에 세부적으로 들어가면 정책의 문제도 있을 거고요. 또 선생님들과 학생들 간에 나타나는 문제….

특성화고에 아이들은 성적순으로 오잖아요. 요즘은 성적이 가정 경제하고 거의 비례해요. 예전에는 공부 잘하는 애들, 서울대 가는 애들은 체육은 못해, 이랬는데 요새는 아니에요. 걔네들은 다 잘하고 얘네들은 다 못해요. 영양 상태도 그래요. 굉장히 패배감에 젖어 있죠. 그 패배감에 젖어 있는 아이들을 늘 만나고 있는, 특히 저 같은 전공교과 선생님들도 그래요. 국어·영어·수학 같은 선생님들은 잠깐 여기 있다가 힘들면 인문계 학교로 가면 되지만, 저희는 여기밖에 못 있거든요. 늘 이 친구들을 만나야 되는데 같이 힘들어지는 거죠. 안타깝기도 하고, 애써 외면하고 싶은 것도 있고, 아이들의 문제를 개인 탓으로 돌리기도 하고, 아무튼 여러 가지가 미묘하게 섞여 있는 것 같아요.

공고에만 17, 8년쯤 있었어요

저는 기계공학을 전공했어요. 대학을 졸업하고 회사에 들어갔는데 직장엘 2, 3년 다니다 보면 회의감이 들잖아요. 문득 내가 꿈이 뭐였지, 생각해보니까 꿈이 없더라고요. 어릴 때는 너 커서 뭐 될래, 누가 물어보면 대통령 될래요, 화가 될래요, 하다가 중학교 때부터는 대학만 목표로 삼았으니까요. 그래서 내가 앞으로 뭘 해야 죽을 때 잘 살았다고 할까, 생각해봤어요. 대학 때 하던 야학을 계속하든, 사회운동을 하든, 죽을 때까지 하고 싶은 일을 찾다가 교육대학원을 가서 교사가 됐고, 교사가 돼서는 바로 전교조에 가입했죠.

공고에만 17, 8년쯤 있었어요. 오래전 3학년 담임을 할 때였어요. 우리 반에 학생들이 28명인가 됐어요. 이 친구들 얼굴을 다

본 게 한 달이 지나서예요. 1교시에 오는 애, 2교시에 오는 애, 3교시에 오는 애, 4교시에 오는 애…. 그러면 또 밥 먹죠. 4교시 끝나면 한 놈씩 없어져요. 그냥 휙 나가는 거예요. 지금도 그런 케이스가 많아요.

첫 발령지는 그나마 특성화고에서 중간급에 있는 학교였어요. 1학년 우리 반이 35명이었거든요. 애들 부모님을 합치면 70명이어야 되잖아요. 학기 초에 가정실태조사서를 받았는데, 부모님이 62명밖에 없었어요. 그때는 부모님 인적사항도 썼잖아요. 부모님 학력이 2년제 대학까지 포함해서 대학 중퇴 이상이 제 기억에 두세 명밖에 없었어요. 계급 대물림 현상이 보이는 거죠. 그리고 아이들 건강 상태가 안 좋은 게 패스트푸드 때문이잖아요. 얘네들이 집에 가봐야 누가 챙겨주는 사람이 없으니까 피시방 가서 컵라면에 삼각김밥으로 때워요.

특성화고는 몇 년 사이에 서열화가 굳어진 것 같아요. 특성화고 내 서열화를 뛰어넘기가 굉장히 어려워요. 제가 운이 좋은 건지 나쁜 건지 모르겠는데, 최근 10여 년 동안은 서열이 거의 바닥에 있는 학교에 있었어요. 그러니까 우리나라 공교육 시스템 안에서 가장 끝에 있는 아이들을 만나고 있는 것 같아요. 그 아이들도 힘들겠지만 그 아이들을 만나고 있는 선생님들도 무진장 힘들 수 있는 거죠.

지금 있는 데가 저한테는 세 번째 학교예요. 원래 농업고였다가 종합고가 됐어요. 3학년 수업을 두 반 들어가는데 '성공적인 직업생활'이라는 과목을 가르쳐요. 말 잘 듣고 예절 잘 지켜라, 승용차 상석이 어디고 프레젠테이션은 이렇게 하고, 그러면 직업인으로서 성공을 한다, 그런 얘기예요. 정말 난감한 과목인데, 들어가면 다 자고 있어요. 저도 깜짝 놀랐어요. 그런데 깨워서 될 건지 안 될 건지 저도 보면 감이 오잖아요. 출석은 불러야 돼요. 워낙 빈자리가 많아서 출석을 부르면 서너 명이 다 얘기해줘요. "홍길동!" 그러면, "쟤, 저기서 자고 있어요, 쟤예요" 그래요. 출석 끝나면 엎어지고요. 깨우면 일어나는 반, 내가 깨울 수 없다고 판단한 반. 그 반의 분위기에 따라 차이가 나요. 그리고 앞 시간에 어떻게 해왔느냐에 따라 달라요. 앞에서부터 계속 자고 있었으면 얘네는 밤잠을 자고 있는 거예요. 깨울 수가 없어요. 밤새 게임을 하기도 하고, 일부는 밤새 자느라고 피곤하대요. 피곤해서 또 자야 된대요. 그게 1년, 2년 되잖아요? 그러면 교사도 교실에서 그냥 일해요. 이럴 때 애들하고 심화된 뭔가를 해보고 싶어 하는 선생님들이 훨씬 더 많은데 현실적으로는 그게 안 되니까. 애들의 의지를 끄집어낼 수 있는 능력은 솔직히 없고요.

취업은 되지만 버틸 수 없는 곳이에요

아이들 취업은 본인들이 하고자 한다면 거의 돼요. 질이 문제죠. 특성화고라도 해도 상업계열은 또 다를 텐데, 공업계 애들이 가는 데는 정말 공장이에요. 매스컴에 나오는 강소기업 같은 건 꿈도 못 꾸고요. 대부분 아주 영세업체죠. 최저임금은 주지만 직장

생활이 쉽지가 않아요.

친구들이 여럿이 같이 가는 게 아니라 기껏해야 둘셋이 가잖아요. 어느 정도 학교생활이나 가정생활이 잘 잡혀 있는 애들은 그나마 가서 버틸 수도 있는데요. 그렇지 않은 친구들, 학교에서 50분, 1시간 앉아 있는 것도 힘들어하는 친구들은 얼마나 힘들겠어요. 힘들다고 개길 수도 없죠. 그것 자체가 스트레스예요. 돈을 받으니까 거기 적응이 돼서 일하는 친구들도 있기는 하지만, 누가 친절하게 해주지 않잖아요. 막 대하고 욕도 하고 심지어는 툭툭 치기도 하죠. 욕은 거의 일상인 것 같아요.

또 애네들이 업무를 잘 모르잖아요. 뭐 갖고 와라 그랬는데 못 갖고 가면 바로 욕 듣죠. 요즘은 잔업이 많이 줄었지만 예전에는 잔업을 엄청나게 시켰어요. 완전 봉이 들어온 거잖아요. 회사 입장에서는 정말 그렇게 생각하는 것도 있거든요. 그냥 허드렛일은 다 시켜요. 요즘은 어디나 공장 자동화가 돼 있으니까 아주머니들도 와서 많이 일해요. 그 아주머니들은 마음대로 못 시키는데 애네들은 마음대로 다 시켜요. 그 안에서도 또 착취가 일어나요. 그러니까 애네들이 버텨내지 못하는 거고요.

회사 위치도 중요해요. 공장이 수도권에 별로 없어요. 제가 안양·군포 지역 학교에 있었는데, 그 주변이 다 공단이었어요. 이젠 공장이 안산·화성 이런 데로 다 나갔어요. 안산은 공단이라도 있어요. 화성은 지금은 조금 나아졌을지 모르지만 예전에는 공장이 드문드문 있었어요. 버스도 제대로 있는 것도 아니고요. 출퇴근하기 힘들어요. 그러면 회사 기숙사가 있는데, 애네들이 가는 회사가 대기업이 아니잖아요. 기숙사가 어떻겠어요? 공장 위에 간이로 지어놓았어요. 저도 한두 번 들어가봤는데 그 방에 있고 싶지 않아요. 일 끝나고 거기서 뭘 하겠어요. 할 일도 없어요. 안산 공단도 마찬가지인데 저녁 되면 캄캄해요. 할 일도 없고, 슈퍼도 없고, 얘네들은 미치려고 하죠.

취업 담당할 때 업체에 방문했는데 점심시간이 됐어요. 밥 먹고 가라고 하면 먹겠다고 해요. 단, 회사 밥을 먹겠다. 회사 밥을 먹어보면 대충 견적이 나와요. 밥에 신경 쓰는 회사는 좀 낫더라고요. 어떤 경우가 있었냐면, 동료 선생님이 실습 나간 애들을 보러 갔다가 밥 먹자고 해서 구내식당에 갔는데 지하더래요. 식당 앞에서 아이들한테 "내가 나가서 사줄게" 그랬대요. 자기는 정말 못 먹겠더래요. 그러니까 아이들이 못 버티는 것도 있어요. 최저임금의 두 배를 줘도 못 버틸 것 같아요. 근무환경도 중요하거든요. 이 아이들은 우리 사회의 가장 열악한 부분을 최전선에서 만나는 거예요.

교사는 현장실습 업체에 나가는 것도 어려워요

제가 취업 담당을 맡았을 때 한 회사에 다섯 번 나갔어요. 10여 개 업체를 다녔던 것 같아요. 아침에 조회하고 휙 나가서 두세 개 돌면 종례 때 못 들어오기도 하죠. 업체를 다 돌려면 제 수업은 다 딴 선생님들한테 맡겨야 돼요. 어쩌다 한두 번도 아니고 매번 맡기는 것도 부담돼요. 월요일 2, 3, 4교시를 부탁하려면 그 시간에 비는 선생님이 몇 명 없고 부탁할 수 있는 선생님이 만날 정해진 거죠. 교사가 현장실습 업체에 나가는 게 어려워요. 귀찮아서 안 나가는 것도 솔직히 반 있고, 나갈 조건이 안 되는 것도 반 있어요. 그러다 보니까 대충 하게 되고, 횟수도 줄여서 나가고요. 가면 그냥 얼굴 보고 오는 거예요. 또 성적 매기러 가는 거예요. 현장실습이잖아요. 현장실습은 교과 수업이고, 교과 성적을 내야 돼요. 회사 담당자나 관리자가 점수랑 출결 사항을 주면 받아와서 수행평가를 가늠해요.

공장이 안전한지 기계 시스템이 낙후됐는지는 볼 여건이 안 되고, 보자고 말하기도 어렵고요. 회사는 싫어하니까요. 왜냐면 학교에서 누가 오면 회사 사람이 한 명 붙어서 설명해줘야 되는데 그 사람들이 일하는 시간을 뺏는 거잖아요. 취업 담당 교사랑 회사 인사 담당자가 안면 트고 지내는 사이면 편안하게 뭔가 이뤄질 수도 있는데 그렇지 않거든요. 계속 새로 가서 인사해야 하면 부담스럽죠. 어느 해부턴가 교육청에서 취업 담당관을 비정규직으로 일정 기간 학교에 배치를 해줬는데 이 사람들은 그다음 해에는 또 없어요. 이분들도 그 일을 하는 게 쉽지가 않아요.

학교에서는 산재를 쉬쉬해요

학교에서는 현장실습생 사고가 나면 매스컴에 학교 이름이 나가기 때문에 싫어해요. 다음 해에도 그 업체에 아이들을 보내야 되는데 학교에서 업체 하나 관계 맺는 게 쉽지 않기도 하고요. 업체들이 와서 줄 서 있는 것도 아니고요. 지방에 있는 학교 같은 경우엔 봄부터 업체를 다니기도 해요.

한번은 저한테 노동인권 수업을 받은 애가 전화를 했어요. "선생님, 저 손가락 다쳤어요. 산재 처리 어떻게 해야 돼요?" 회사에서 처리를 안 해준대서 제가 그랬죠. "병원 가서 간호사한테 서류 달라고 해서 써서 내. 그러면 돼." 그런데 그 아이가 자기 담임선생님한테도 물어봤는데 담임선생님이 무시를 한 것 같아요. 산재 처리하면 회사가 싫어한다고 생각했겠죠. 저는 회사에서 안 해주건 말건 네가 가서 하면 된다고 했는데도 애는 결국 못 한 것 같아요. 마침 그때 모 언론사에서 그런 사건을 수소문하고 있었어요. 저한테 연락이 왔어요. 아이한테 신문사에서 취재한다는데 혹시 응할 생각 있냐고 물어봤더니 하겠대요. 사례 몇 건이 같이 나왔는데 그 아이 사례가 크게 다루어졌어요. 제가 1년 휴직했을 때 있었던 일인데, 복직해서 학교에 갔더니 벌써 소문이 다 나 있는 거예요. "네가 애를 꼬셨지?"(웃음) 교장이 싫어했는데 말도 못 하고요. 그 아이는 산재 신청은 끝내 안 한 거 같아요. 문제는 학교에서 산재를 쉬쉬한다는 거예요.

예전 근무하던 옆 학교에서는 실습 나간 아이가 힘들다고 "다시 학교로 갈래요" 했는데 학교에서 못 오게 한 거예요. "너 오면 징계야." 아이가 신문에다가 얘기해서 난리가 난 적이 있어요.

실습 나간 애들이 힘들다고 들어온다고 하면 선생님들은

우선은 참으라고 하죠. 애들이 워낙 들락날락하고, 툭 하면 "못 해요!" 그러니까 진득하니 좀 있어라, 마음에 안 든다고 와버리면 아무것도 못 한다는 생각을 기본적으로 하고요. 또 하나는 너무 피곤하다는 생각을 해요. 복귀 처리 같은 서류 정리를 해야 하거든요. MB(이명박) 시절에는 아이들이 복귀하면 취업률이 떨어지니까 문제였고요. 학교로 돌아와서 자고 있는 아이들이 감당이 안 되기도 하고, 여러 가지 문제가 섞여 있긴 해요.

그나마 아이들이 고3 때는 학교로 피할 수 있는 시간이라도 있죠. 그 이후는 그럴 시간도 없어요. 졸업생 신분으로는 산업재해를 당해도 신문에 잘 안 나와요. 구의역 김군의 경우는 특수한 케이스였죠. 3, 4년 전에 군포에서도 한 친구가 유명을 달리했어요. 그 친구는 졸업한 다음에 자살했어요. 사내 괴롭힘 때문인 것 같아요. 실습생이면 학교에서도 신경 쓸 수밖에 없어요. 교육청도 나서고 교육부도 나서는데 그 친구는 졸업생이었어요. 학교에서도 나 몰라라 해요. 관심도 없어요. 지역 단체들이 앞에 나와서 해결했던 거고, 그나마도 없으면 신문에 나오지도 않잖아요.

나라도 노동인권 문제에 관심을 가져야죠

지금 제가 있는 학교는 전체 교사 120명 중에 전교조 교사가 여섯 명 정도 돼요. 국영수 같은 보통교과보다 공업계열 전문교과 선생님들의 참여가 더 적어요. 그 이유는, 일단은 바라보는 시각이 특수한 것 같아요. 예를 들어 옛날에 학생운동 할 때 공대생들이 잘 안 나왔던 느낌이랄까요. 상업이라는 것이 실은 자본을 도와주는 거잖아요. 그걸 가르치기 때문에 아이들을 다 경영자로 키워내야 된다고 생각하다 보니까 노동자라는 생각을 안 하게 되죠. 우리가 하는 일에 따라서 생각하는 방식이 달라지잖아요. 어쨌든 산업재해가 일어나면 아이들이 다친다는 사실에 안타까워하는 건 전교조든 아니든 똑같으니까 공감대가 형성되는데, 정보상업고 계열은 농업계, 공업계에 비해 참여도가 떨어지는 것 같아요.

현장실습생 사고가 거의 매년 일어나잖아요. 왜 이렇게 해결이 안 되지? 그런 안타까움이 있죠. 그런데 그 안타까움의 정도가 낮아지고 있어요. 일부 주변 선생님들도 예전 같지 않아 보여요. 저도 사고가 터지면 힘을 내서 다시 한 번 노동인권 교육을 애들한테 해야지, 이 정도죠.

저는 대학교 1학년 때부터 야학에 오랫동안 있었어요. 덕분에 노동문제에 관심을 가졌고, 3학년 아이들은 기말고사가 끝나면 할 일이 없으니까 제가 아는 걸로 조금씩 노동인권 교육을 하게 됐어요. 마침 '노동인권을 생각하는 노무사 모임'에서 좋은 자료를 하나 만들어냈고요. 그 PPT를 후배 노무사한테 받아서 수업을 하다가 2011년도에 기아차 김군 사건이 일어났고, 『오마이뉴스』에 기사도 쓰게 된 거예요.

그 사건 전에 3학년 담임을 2년 연속으로 맡았는데 취업 담당이었어요. 그때 아이들을 데리고 업체에도 나가보고 사장이나 관리자들하고 이야기를 많이 하면서 특성화고 졸업생들의 위치나 구조적인 문제를 고민하게 됐죠. 제가 그 무렵에 전교조 경기지부 실업위원장이었어요. 특성화고 문제를 다루는 위원회에서 위원장을 5, 6년 했어요. 예전에 노동문제에 관심을 가졌던 전력이 다시 생각이 나고, 나 같은 사람이라도 노동인권 문제에 관심을 가져야겠구나, 뭔가 매달려야 되겠구나 싶었던 거죠.

선생님이 평상시에 한두 마디 해주는 게 중요해요

창피한 얘기지만 제가 전국에서 노동인권 교육, 노동교육 하면 늘 불려다니는 선생님들 중 하나예요. 아이들하고는 잘 못 하고 선생님들을 대상으로 많이 했어요. 애들은 관심이 없어요. 이번에도 1학기 기말고사 끝나고 여름방학 전까지 2주 정도 시간이 있어서, "나 이쪽 전문가야. 공부해보자" 했어요. 파워포인트 동영상을 띄우고 쭉 설명을 해가면서 길게 할 때는 퀴즈도 풀고 조금씩 메시지를 던져요. 역시나 1교시만 하고 끝났어요. 몇 시간은 더 해야 하는데 못 했어요. 애들은 뭘 해도 싫어하니까요.

그런데 2학기 들어와서 한 친구가 물어보는 거예요. "선생님, 퇴직금 어떻게 받아요?" 알바 하는 데서 퇴직금을 못 받았대요. 제가 삐져가지고 "전에 강사가 와서 두 시간 했잖아. 그때 물어보지?" 그러면서 얘기를 해줬어요. 대체로 관심이 없는데 던져놓으면 연락이 오는 경우가 있더라고요. 교육 내용은 노동에 대한 신성함까지는 못 들어가고요. 임금문제나 휴식. 제일 관심 있는 게 임금, 퇴직금, 산재. 그 정도만 해요. 욕심을 내면 노동3권까지 눈치 봐서 해요.

구의역 김군 사건이나 특성화고 아이들의 죽음 같은 사건에 대해서는 애들한테 별로 얘기를 못 들었어요. 그냥 욕 한마디 하고 "사회가 그래요" 내지는 극히 일부는 "본인이 조심해야죠" 그러는데, 보통 "사회가 원래 그렇죠" 이래요. 자기 문제로 생각은 안 해요. 자기가 사고 날 수 있다, 거기까지 생각이 잘 진행이 안 되죠.

해마다 현장실습생 사고가 계속 나니까 각 지역에서 교육청에 압박이 들어가죠. 시민단체에서는 노동인권 교육을 시키라고 하고요. 교육부에서도 노동인권 교육을 강조 안 할 수가 없는 상황이 되면서 각 시도 교육청에서도 고민을 했어요. 경기도는 4년 전인가 도의회에서 노동인권 교육을 시키자는 조례를 만들었어요. 외부 강사를 쓰려면 강사비가 있어야 되니까 교육청에서는 도에서 받은 예산으로 집행하죠. 주로 청소년노동인권네트워크 같은 단체가 학교에서 연락 오면 강의해주고요. 그런데 노동인권 교육이 가끔 한다고 해결되는 게 아니잖아요. 다른 지역은 잘 모르겠는데, 경기도는 1년에 2시간씩 3학년만 하다가 지금은 전 학년이 다 해요. 그것만 해도 엄청나게 바뀐 거죠.

그 무엇보다 선생님들의 사고방식이 중요해요. 저는 외부 강사가, 어떤 훌륭한 사람이, 노무사가 와서 가르치기를 원하지 않아요. 아이들한테는 선생님이 평상시에 한두 마디 해주는 것이 중요해요. 잘은 몰라도 돼요. 찾아보면 다 나오니까 그걸 찾아볼 수 있게끔만 해주면 돼요. 너네 권리가 중요한 거야. 지켜야 돼. 노동인권 감수성 정도라도 아이들에게 심어주기 위해서는 선생님들이 공부하고 바뀌어야 돼요.

대학 진학과 취업 사이에서 왔다 갔다 해요

학교 취업률이 낮다고 교사들한테 뭐라고 하지는 않아요. 특성화고는 학교를 운영하는 데 돈이 많이 들어가요. 재료비도 들고 장비가 다 고가예요. 이걸 주기적으로 바꿔줘야 돼요. 전기값도 엄청나고요. 운영비만 놓고 보면 인문계 고등학교 두세 배 이상으로 들어가요. 학교에서 쓸 돈은 많은데 교육부에서 주는 운영비만으로는 학교 운영이 되게 어려워요. 나머지 돈은 다 외부에서 목적사업비를 받아 와야 돼요. 중소기업청, 노동부 같은 데서 사업을 해요. 요즘 가장 돈 많이 주는 데가 중기청이고, 다 거기 줄 서 있어요. 두 학교밖에 못 주는데 다섯 학교가 신청을 하면 뭔가를 가지고 평가를 해서 줘야 되잖아요. 그게 기본적으로 취업률이죠.

제가 2012년에 1년 휴직하고 다시 학교를 갔더니 아이들 사고가 확 바뀌었어요. 진학에서 취업 쪽으로요. 대학 가봐야 무슨 소용 있냐고 그래요. 제가 1년 딱 비웠는데, 어차피 대학을 가봐야 소용이 없다는 걸 아이들이 많이 알게 됐고 학부모들도 마찬가지였어요.

그전에 대학 진학률이 80% 정도까지 찍을 때는 학부모 면담이 이랬어요. 아이의 성적이랑 출결 다 보여드리면서 "대학 가봐야 의미가 없어요. 아무리 2년제라 하더라도 학비가 얼마 들고, 가서 버티기 힘드니 빨리 기술 배우는 게 낫습니다"라고 말씀드리면 부모님들은 다 맞다고 해요. 그런데 결론은 "그래도 대학은 가야죠"예요. 그런 분위기가 굉장히 강했어요. 이유는 애가 나중에 결혼을 못 한다는 거예요. 특히 공고 상고 나와서 되겠느냐고. 그렇게 결혼 얘기까지 나오면 제가 할 얘기가 없어요. 저도 나중에 한번 고민해봤어요. 내 자식이 배우자를 데리고 왔는데 고졸이에요. 더더구나 공고나 상고 나왔다고 하면, 내가 겉으로야 걔한테 말은 못 하겠지만 속으로는 며느리가 될지 사위가 될지는 모르겠지만 흔쾌히 받아들일 수 있을까? 나도 솔직히 자신이 없다고, 제가 어디 지역 신문에다 그런 글을 쓰기도 했어요. 무엇보다 그때는 경기도 이남 지역 대학엔 원서만 내면 다 들어가던 때였으니까요. 대학에서 교수들이 1학기 기말고사 끝나면 엄청나게 돌아다녔거든요. 대학에서 너무 많이 와서 오히려 오지 말라고 홀대할 정도였어요.

그런데 MB정권이 2010년에 전문계고에서 특성화고로 이름도 바꿨고 강하게 특성화고 정책을 폈어요. 그때 취업률이 평균 4, 50%까지 올라갔어요. 진학률은 5, 60%로 떨어진 거죠. 점점 아이들도 마찬가지고 학부모들도 대학 나와봐야 별 의미가 없다는 인식이 생긴 거죠.

아이들이 내가 올라갈 수 없다는 걸 아는 것 같아요

예전에는 10만큼 노력하면 10만큼 다 얻지는 못하지만 3, 4는 얻을 수 있다는 희망이 있었는데 요즘은 그것도 없는 것 같아요. 보세요. 2년제 대학을 가도 희망이 없다는 걸 이제 알아요. 또 4년제 대학하고 2년제 대학은 월급 차이가 많이 나는데 2년제하고 특성화고는 월급 차이가 얼마 안 나요. 회사 사람들 얘기를 들어보면, 대기업 1차 하청업체인 굉장히 괜찮은 회사에서도 2년제 대학 나오면 10만 원 더 받는대요. 집에 돈이 있으면 가서 간판이라도 달고 나오면 되는데, 말씀드렸다시피 특성화고 서열에서 밑에는 성적 낮은 애들이 가정 형편도 어려워요. 그러면 굳이 몇백만 원씩 들여서 갈 필요가 없다는 건 본인들도 알죠. 대학에 가려고 하지 않아요. 가더라도, 이렇게까지 표현하면 뭐하겠지만, 고등학교 때까지 만날 자던 아이가 대학에 간다고 공부할 확률은 낮잖아요. 학교라는 곳은 애들 말대로 졸업장 따러 오는 거죠. 특히 특성화고나 중간 이하 그룹들은 원해서 온 게 아니라 뭔지도 모르고 성적에 의해 밀려서 온 거예요.

한번은 애들이랑 얘기를 하다가 화가 나서 "너 여기 왜 왔어?" 그랬더니 "엄마가 가랬어요", "중3 담임이 가라 그랬어요" 그래요. 그러면 엄마하고 중3 담임은 이 공고의 이 과를 알고 가랬느냐? 그것도 아니에요. 중3 담임들은 학생을 진학에서 탈락시키면 안 되니까 점수에 맞는 곳을 찾아서 "너, 여기 가" 하는 거죠. 왜냐면 자기 반 아이가 한 명이라도 고등학교를 못 가면 안

되잖아요. 그 마음은 이해가 돼요. 그러니까 학교 서열이 바뀔 수가 없는 거죠. 부모 입장에서도 중학교 때 아이가 놀아서 인문계 갈 성적이 안 되는 걸 알고, 본인도 그걸 알아요. 부모가 그랬겠죠. "여기 가서 졸업장이라도 따라. 고등학교 졸업장도 없으면 사회생활 하기 힘들어." 그래서 오는 아이들이 많아요. 그러면 얘네들은 정말 졸업장 외에는 관심이 없어요. 졸업장은 성적과 상관없고요. 저는 아이들이 '내가 올라갈 수 없다'는 걸 아는 것 같아요. 학교 오면 계속 멍 때리고 있는 거예요, 밥만 먹고.

어느 날 교과서를 버렸어요

전교조 실업위원장 시절에 교육청 특성화고 담당 장학관한테 그런 제안을 많이 했어요. 특성화고 선생님들은 훨씬 더 많이 연수를 시켜줘야 된다고요. 특히 특성화고에 배치되는 국영수 같은 일반교과 선생님들 연수도 충분히 시켜줘야 돼요. 왜냐하면 수업을 인문계랑 똑같이 하면 안 되거든요. 아이들 수준에 맞춰서 해야 되는데 이게 선생님들도 참 어려워요. 교과서가 있으니까요.

진도 좀 안 나가면 어때요. 얘네는 알파벳을 모르는 친구도 있거든요. 그러면 알파벳을 가르쳐야지, 교과서를 가르치면 무슨 의미가 있겠어요? 아이들이 와서 3년 내내 잠만 자겠어요? 3년 동안에 그래도 며칠은 깨 있겠죠. 어느 날 갑자기 나도 한번 공부를 해봐야지, 눈을 떴는데 앞에서 선생님이 하는 말을 도저히 못 알아들어요. 그러면 다시 자야죠. 그게 중요한 것 같아요. 적어도 한두 번 들으려고 했을 때 알아들을 수 있도록 해줬어야 하는데 그걸 우리가 못 한 것 같아요.

저는 다행스럽게 전공교과니까 어느 날 문득 교과서를 버렸어요. 교과서대로 안 해요. 교과서 내용을 제가 재구성했어요. 다행히 교육부가 교사한테 권한을 주고 있어요. 선생님들은 그걸 잘 못 지키죠. 문제가 생기면 책임이 돌아오잖아요. 저는 내 아이들 수준에 맞춰 하고 싶어서 실습 위주로 해요. 또 그걸 갖고 따질 사람도 없어요. 다들 특성화고 교육과정을 잘 모르고 관심도 없어요.

한번은 경기도 교육연구원에서 연구원 박사님들과 공고실태조사에 참여한 적이 있었어요. 아이들하고 얘기를 하다 보니까 그래요. 공부를 못하거나 공부하기 싫어서 여기 왔는데 왜 또 국영수부터 시작해서 가르치느냐? 자기는 정말 싫다. 학교가 재미없다. 전공교과에도 이론이 있어요. 이론이 정말 어려워요. 공대생들이 배우는 걸 축약해서 갖다놨어요. 얼마나 어렵겠어요. 아이들이 한 말이 굉장히 충격이었어요. 정리가 되더라고요. 우리가 아래아한글 배우는데 책 매뉴얼을 다 떼고 난 다음에 치는 게 아니잖아요. 일단 무조건 컴퓨터 자판 누르다가 모르면 찾아보죠. 저는 적어도 전공 분야 공부는 그래야 된다고 생각해요. 다른 과목도 애네들한테는 최대한 직접 해보는 게 중요해요.

어느 순간에 그런 걸 깨달으면서 야학이 생각났어요. 전에 야학에서도 국영수를 했어요. 영어를 어떻게 하느냐? 일반 중고생들 교과서가 있었지만, 우리는 수준에 맞춰서 했어요. 어느 후배 선생님이 슈퍼에 있는 모든 과자 이름을 영어로 썼대요. 과자 이름이 대부분 영어가 많잖아요. 일상생활에서 보는 것들을 가지고 영어 수업을 시작했어요. 그러니까 낮에 일하고 밤에 온 노동자들한테 빨리 와닿았죠. 그래서 노동자들이 하나라도 영어 단어를 알게 했던 것 같은 시도를 하고 싶은데 동료 선생님들하고 편안하게 얘기하거나 그럴 여유가 없어요. 여력도 없고요. 선생님들이 관심이 없기도 해요. 특성화고는 공부에 정말 관심이 없는 아이들이 왔잖아요. 어느 선까지 끌어올려서 내보낼 것인가에 대한 고민을 많이 해야 되는데 솔직히 학교가 그걸 못 하고 있죠.

현장실습이 원칙에 맞지 않는다고 생각해요

현장실습이 2018년부터는 12월에 나갈 수 있고, 학기 중엔 못 나가요(2019년 1월 31일, 정부는 3개월 이내로 제한되었던 현장실습 기간을 다시 확대하는 '직업계고 현장실습 운영 방안'을 발표했다). 선생님들은 되게 불만이에요. 애들을 다 데리고 있어야 되고, 아무것도 못 하는 거죠. 일부 애들은 화가 나 있고요. 특성화고졸업생노조에서는 현장실습을 내보내달라고 하죠. 그리고 전교조를 비롯한 어른들 단체에서는 현장실습을 폐지해야 한다고 얘기하고요. 서로 엇갈려 있어요.

예를 들어서 어떤 아이가 기계과예요. 현장실습에서 관련된 일을 해야 점수를 주죠. 그런데 엉뚱하게 편의점이나 금융권에서 일을 하고 있으면 전공 수업이 아니잖아요. 그 일로 기계 과목 관련 점수를 준다는 건 교육적으로 있을 수 없죠. 당연히 같은 계열로 실습을 나가야 되죠. 그런데 그동안 같은 계열로 잘 나가지 않았어요. 아닌 경우도 많아요. 수업의 일환인데, 수업의 일환이 아닌 거죠. 전공에 맞춰 실습 나가는 애들이 현실적으로 퍼센티지가 높지는 않아요. 현장실습이라고 할 수 없죠.

또 한편으로는 이 아이가 기계과로 오고 싶어서 왔냐? 아니다. 뭔지도 모르고 왔다. 3학년 2학기에 아무것도 못 하고 있는데, 차라리 나가서 뭐든지 해보고 사회를 경험해보고 자기 갈 길을 찾게 해주는 게 현실적으로 나은 것 아닌가. 전공은 기계지만 그거 관심 없고 요리하고 싶다. 그러면 요리하는 데 가봐. 어른으로서 교육자로서 그럴 수 있잖아요. 이런 주장도 전교조 내에는 있는데, 그것도 저는 틀렸다고 생각하지 않아요. 이게 잘 정리가 안 돼요.

저는 현장실습을 반대했어요. 원칙에 맞지 않는다고 생각했죠. 애네들이 제대로 배워오는 것도 아니고요. 제도를 정비해서 하려면 제대로 하든가, 그렇지 않은 이상, 지금처럼 이렇게 하는 건 아니라고 봐요. 이럴 수는 있죠. 기계과인데 공고에 왔으면 건축 일을 해보거나 전기 일을 할 수는 있어요. 계열까지는 확장을 하더라도 전혀 엉뚱한 일을 하는 건 아니라고 봐요. 그리고 현장실습으로 성적 매기는 일을 안 해야지, 그건 교사를 죄인을 만들어놓는 거잖아요.

아이들이 현장실습 나가서 노동의 신성함이나 어떤 좋은 걸 갖춰 오는 게 아니라 초과노동이나 폭력적인 조직문화 같은 부정적인 것들을 다 배워가지고 와요. 그럴 바에는 학교에서 3학년 2학기가 끝날 때까지 정상적인 교육 프로그램을 돌려야 되는데, 우리가 못 돌리고 있으니까 아이들한테 미안하죠. 단번에 해결될 것 같지는 않아요. 좀 안타까워요. 3학년 2학기를 어떻게 보낼 것인가 준비할 시간을 주고, 선생님들한테 연수를 시켜준 다음에 새 제도를 시행했으면 더 좋았겠다는 생각이 드는데, 학기 중 현장실습이 단번에 없어지니까 학교에서도 당황하죠.

현장실습을 고민하는 교육관료가 없어요

교육부나 교육청 내에는 특성화고에 대해서 고민하는 사람들이 극히 드물어요. 거기는 행시 출신들이잖아요. 교육부 특성화고 정책 담당자는 잠깐 그 자리에 있다가 다른 데 가는 사람들이고, 교육청 담당자도 마찬가지예요. 특성화 교육은 적어도 시도 교육청에서 안 하면 지역 교육청에는 담당자가 없어요. 예를 들어 안양에 특성화고가 몇 개 있다고 장학사를 주겠어요. 그냥 경기도 교육청, 서울시 교육청 단위로 특성화고 팀들이 있는데, 이 사람들은 늘 해오는 업무 외에는 정책을 고민하지 않아요. 안 하는 것 절반, 못 하는 것 절반이에요. 제가 봤을 때는 대부분 안 해요.

본인들이 의지를 내서 하면 되는데, 이 사람들은 특성화 교육 정책이 아니라 빨리 4, 5년 지나서 교감 나가는 것에만 관심이 있으니까요. 그리고 장학관이나 특성화 교육을 담당하는 과장급 정도 돼야 교육감한테 가서 얘기 한마디 할 수 있는 거지, 장학사가 교육감한테 가서 얘기하는 건 거의 불가능하고요. 또 교육감 입장에서는 특성화고 얘기를 많이 해봐야 득 될 것 하나 없어요. 표가 안 나오잖아요.

교육계에서 특성화고는 비주류예요. 비주류 중에서도 비주류예요. 제가 교직에 있었던 17년 동안 특성화고를 위한 정책이 나온 걸 MB정권 때 외에는 한 번도 못 봤어요. 그래서 실은 웃기게도 특성화고 전문교과 선생님들은 MB 좋아하는 분들이 있어요. 관심을 가져줬잖아요. 그 이전이나 이후에는 아무도 관심 갖지 않아요. 그러니까 MB가 특수한 케이스라는 거예요.

기술 가진 사람들이 대접받는 세상이 되어야죠

넓은 의미로 봤을 때는 우리나라 산업인력 구조가 왜곡되어 있어요. 최저임금을 얘기할 때 자영업자들이 직격탄을 맞았다고 하는데 이게 자영업자들의 구조적인 문제예요. 워낙 비율이 높잖아요. 자영업자 비율이 높다는 건 결국 임금노동자 비율이 낮은 거고요. 일자리가 없는 건 아니고, 있기는 한데 안 가요. 중소기업과 대기업의 임금 격차가 워낙 심하니까요. 이 격차를 좀 줄

여주고 중소기업에 다녀도 생활하는 데 아무런 불편함이 없게 만들어줘야 하는데, 그런 정책이 나오지 않는 이상은 해결될 수가 없어요.

그리고 학력 인플레도 굉장히 심해요. 제 생각에는 대학교 정원의 70%를 없애야 돼요. 30%만 남겨놔도 우리나라 운영에는 아무런 문제가 없어요. 그 70%의 아이들이 중소기업에서 인간대접을 받으면서 일하고 먹고 살 수 있게 해줘야 돼요. 그러면 특성화고 문제도 자연스럽게 해결될 거라고 봐요. 누가 힘을 써야 대학을 없앨 수 있어요? 교육부 장관? 농담처럼 말하는데 전두환 외에는 못 해요. 정말 무식하게 하는 사람 아니면 지금 상태에서는 바꾸기 힘든 구조죠. 우리나라 중소기업이 살기 위해서는 기능 인력들이 안착할 수 있는 시스템을 만들어야 해요. 의지만 있다면 조금씩 할 수 있다고 봐요. 우리 특성화고 아이들이 가서 일을 할 수 있게 꿈만 만들어주면 되는 거예요.

실은 특성화고에 알게 모르게 지원이 많이 들어오고 있어요. 특히 새로운 사업을 시작할 때는 엄청나게 퍼부어요. 도제라는 사업이 있어요. 학생들이 회사와 연계가 되어서, 일주일에 절반은 학교에, 나머지는 회사로 출근을 해요. 현장에서 직접 배우라는 거죠. 2학년부터 우수한 애들을 선발해서 회사랑 연결을 해줘요. 가령, 한 회사에 학생 두 명을 연결하면, 회사도 실습생 담당자를 뽑아서 그 담당자한테 돈을 줘요. 회사에서는 직원이 자기 시간 들여서 실습생을 교육해야 하니까 안 하려고 하잖아요. 그래서 실습생 교육수당을 주는 거죠. 우리끼리 계산을 해봤어요. 차라리 얘네들한테 방과 후 교육을 시켜서, 졸업한 다음에 그 교육 예산으로 취업하면 최저임금에 플러스 50만 원씩 더 주면 얘네들이 회사에 붙어 있을 거라고요.

특성화고 졸업생이 회사 월급에 정부 지원금 더해서 최저임금보다 더 높은 임금을 받을 수 있게끔 해주고, 지역의 노동환경도 좋게 만들어주는 거죠. 어떤 단지를 조성해준다든가 해서요. 요즘 지자체에서 만드는 따복공동체처럼 청소년들이 들어갈 수 있는 숙소도 지어주고 지도사도 배치해주고 좀 신경을 쓰면 저는 충분히 가능하다고 봐요. 하나의 예지만 이런 식으로 인프라를 만들어주면 지금보다는 훨씬 나아지지 않을까요.

나는 이 아이들과 하루를 보낼 수 있는 전문가예요

농담 반 진담 반으로 우리는 교육을 하는 게 아니라 보육을 하고 있다고 말해요(웃음). 실은 굉장히 자괴감에 빠져 있는 표현이겠죠. 제가 전에 있던 학교에서 시장하고 전교조 선생님들이 간담회를 했어요. 그때 농담 삼아 그랬어요. 우리 학교 아이들이 평상시에 학교를 안 오고 대낮에 중심 상가에 나가 있으면 시장님이 굉장히 피곤하실 거다. 우리가 데리고 있으니까 중심 상가가 여유롭고 평화롭지 않느냐. 왜 인문계만 지원 더 해주냐. 지자체에서 학교에 지원금을 줄 때 인문계, 속된 말로 스카이를 많이 보낸 곳은 돈을 더 많이 주고 특성화고는 그 기준으로 따지면 조금밖에 지원을 못 받으니까요. 다행스럽게 그다음 연도에 두 사업을 분리했어요. 인문계 지원하는 사업명이랑 특성화고 지원하는 사업명을 바꿨거든요. 그래서 특성화고는 따로 돈을 챙겨주게 됐어요.

이 아이들도 공교육 안에 있어야 되잖아요. 누군가는 데리고 있어야 하고 정말 학교에서 챙겨야 되는 아이들인데, 다른 사람들이 못 하니까 내가 하고 있다고 위안을 삼기도 해요. 제가 초창기에 "공고 가면 너무 힘들어. 처음이니까 나도 잘하는 인문계고 가서 한번 가르쳐보고 싶어" 그랬더니 제 처가 되게 뭐라고 하더라고요. "당신이 그 분야 전문가잖아. 누구한테 맡기려고 그래?" 저는 그 말을 아직도 새기고 있어요.

수업을 들어가서 잘 모르는 아이는 혼을 내기가 쉬워요. "너, 왜 자? 왜 이거 했어?" 되게 쉽잖아요. 그런데 친하면 친할수록 못해요. 사정을 아니까요. 담배를 피울 수밖에 없는 애고, 술을 먹을 수밖에 없는 애라는 가정 사정이 있어요. 부모한테 만날 맞는다든지요. 한번은 정말 많이 맞는 애가 있었어요. 그런데 부모님이 직장도 괜찮아요. 멀쩡하신데 술만 먹으면 그런대요. 얘가 또 학교생활을 열심히 하는 건 아니에요. 만날 지각에 퍼질러 자고 알바 하는 애예요. 그런데 맞는 애예요. 어느 날 정말 많이 맞았대요. "이리 와봐. 엉덩이 한번 내려봐." 정말 시커매요. "미안한데 사진 좀 찍을게." 사진을 바로 찍어서 신고하자고 했어요. 신고 의무가 있을 때는 아니었어요. 신고해야 될 것 같은데 내 마음대로 못 하고 애한테 그랬어요. "너한테 의견을 물을게. 네가 싫다면 안 할게." 아이가 싫대요. 얘는 그렇게 맞지만 기댈 사람이 아빠밖에 없어요. 못 하겠더라고요. 그런 사정을 알면 난감한 거죠. 특성화고만의 문제는 아니겠지만 얘를 어떻게 해요?

특성화고에 오는 아이들은 힘든 아이들인데 다른 사람들은 못 하겠구나. 우리밖에 못하는 거다. 그래서 나는 이 분야의 전문가, 얘네들하고 놀 수 있는, 수업을 잘할 수 있는 게 아니라 얘네들하고 그냥 하루를 보낼 수 있는 전문가라고 그렇게 위안 삼아요. 한편으로는 얘네들이 졸업해서 아쉬울 때 전화 한 통 해서 "선생님, 이거 어떻게 하면 돼요?" 할 때, 저놈이 학교 다닐 때 그렇게 안 듣더니 듣고는 있었네, 그냥 그런 것. 가끔 가뭄에 콩 나듯이 연락 오면 그런 걸로 그냥 좋은 거죠.

우리 사회의 가장 낮은 지점을 채워야 해요

어느 날, 그런 생각이 들었어요. 내가 치킨 배달을 시켜서 먹는데 치킨값이 만 원이다. 비싸다고 느껴요. 그런데 배달 알바 오는 아이들이 많잖아요. 특히나 특성화고 아이들은 상대적으로 방과 후 시간이 널널하니까 아르바이트를 많이 하죠. 나한테 배달 온 아이가 최저임금도 못 받아요. 얘한테 최저임금을 제대로 챙겨주기 위해서는 내가 만이천 원에 먹어야겠죠. 그전에는 업주를 욕했어요. 이 업주가 노동 착취를 하고 있네? 그런데 정말 문득 든 생각이에요. 나도 노동 착취를 하고 있구나. 싼값에 먹으려고 했으니까 다 같이 착취하고 있었던 거죠. 어느 한 개인의 문제는 아니라는 생각이 들었고, 그래서 우리 사회의 가장 낮은 지점을 채워줘야만 다른 사람들이 같이 좋아지겠구나, 청소년들이 가장 열악한 노동환경 속에 있으니까 청소년들의 노동환경이 좋아진다면 다른 사람도 좋아지겠구나 싶었어요.

청소년 노동인권. 청소년, 노동, 인권, 이 세 개의 말이 다 우리 사회에서 이미지가 안 좋은 말이에요. 이 세 개가 뭉쳐 있는 단어예요. 실은 선생님 인권교육연구회도 있어봤고, 학생인권조례 나왔을 때도 설명하러 다녔어요. 제가 경기도에서 나온 민주시민 교과서에서 노동 편을 집필했어요. 인권이랑 시민교육에 노동이 다 들어갔는데, 그 안에서도 마이너예요. 노동인권이 인권 분야에서도 비주류고, 시민교육에서도 노동인권은 또 비주류예요. 노동에 관심 있는 사람들이 몇 명 없어요. 그래서 제가 먹고살아요. 이 알량한 지식 갖고요.

능력 있는
기계 정비 전문가가 되고 싶어요

임현지(유한고등학교 3학년)

나는 모든 사람들 속에서
그보다 크지도 보리이삭만큼 작지도 않은 나 자신을 본다.
한 세상이 알고 있는바,
이제까지 나에게 가장 큰 것, 그것은 바로 나 자신이다.
_ 월트 휘트먼

원래는 인문계 고등학교에 가려고 했는데, 대학교를 간다는 게 취직 때문에 가는 거라, 취직은 똑같으니까 먼저 돈을 벌자는 생각으로 특성화고에 갔어요. 인문계를 가더라도 대학교를 나와서 취직을 해야 하니까 시기가 몇 년 당겨지는 것뿐이고요. 대학교를 가면 등록금 때문에 돈이 더 많이 들어가잖아요. 중학교 3학년 때 즈음 집이 어렵구나, 취직을 해야겠구나 하는 생각이 들었어요. 부모님이 권유는 안 했는데 제가 느낀 분위기가 그랬어요. 어릴 때부터 부모님이 계속 맞벌이를 하셨거든요. 집을 마련하려고 노력하시는 걸 봤고요. 또 오빠가 한 명 있는데 오빠는 인문계에 갔다가 직업학교로 넘어가서 일하다가 대학에 갔어요. 거기다 저까지 대학을 가야 하면 교육비 때문에 부모님이 더 힘들 것 같았어요.

엄마는, 대학은 무조건 가야 된다고 했어요. 어머니가 계속 일을 하다 보니까 대학교는 나와야 무시를 안 당한다고 하셨어요. 제가 찾아봤는데 고등학교 입학할 때 취업과 대학까지 보장되는 국가지원사업프로젝트(유니텍 지원사업)가 있더라고요. 어머니가 원하는 대학도 갈 수 있고 학비가 무료에 취직도 할 수 있다고 해서 유한고등학교에 지원했어요.

노동인권은 과목이 없고 직장예절을 배워요

저는 자동화시스템과예요. 자동화시스템, 로봇전기자동화, 건축

인테리어디자인 이렇게 과가 세 개 있는데 그중 취직이 잘되는 과를 선택한 거예요. 저희 반은 여자가 아홉 명, 남자는 스무 명이에요. 유니텍 사업이 남녀 무관하게 지원할 수 있어서 공고치고는 여학생이 많은 편이에요. 기계를 남자들 과목이라고 생각하는데 분명 남자들이 유리한 게 있어요. 기계에 대한 이해가 빠르고 힘이 있어서 기계를 잘 다뤄요. 그런데 여자들이 섬세해서 좋은 점도 있어요. 큰 기계들로 실습도 하지만 컴퓨터로 캐드 작업도 하거든요. 생각보다 여자들한테 괜찮아요. 쇠를 깎는 기계 같은 건 너무 크니까 처음엔 무서워서 가까이 다가가지 못했거든요. 그런데 수행평가를 봐야 하니까 용기를 내서 했는데 겁도 나지만 완성하면 뿌듯해요.

1학년 때는 인문계 과목 위주로 수업하다가 2학년부터 제도나 PLC(생산자동화), 기계 일반, 재료 일반 같은 전공과목을 배우거든요. 2학년에 배우는 '직업'이라는 과목이 있는데 자기소개서 쓰는 법, 면접하는 법, 승용차 상석 위치가 어디고 회의실에서 에티켓은 뭐다 이런 직장예절이랑 프레젠테이션 하는 법 같은 걸 배워요. 아이들과 역할을 나눠 시뮬레이션을 해보고 질문도 주고받고 그런 걸 해요. 노동인권 교육은 과목이 없어요. 외부 강사가 와서 시급이나 관련 법률을 알려주는 교육을 받은 적은 있어요. 알바비 잘 받고, 만약에 부당한 대우를 받았을 때에는 노동부나 교육청에 신고하라고 했어요. 성추행을 당하면 신고하거나 선생님한테 얘기하라고 하시고요.

학교에서는 실력과 예의를 중시해요. 저희가 들어가는 회사에 1학년 후배도 들어갈 수 있으니까 너희가 잘해야 한다고요. 선생님은 회사에서 실습하다가 문제가 생기면 학교에 얘기하라고 하시는데, 막상 애들은 그러면 자기가 적응 못 한 거처럼 보이니까, 학교에 안 좋은 선례가 남을까 봐 실제로는 말하기가 눈치 보인다고 그래요. 또 선생님께서도 실습하다가 나오는 사람이 많은데 다른 회사를 가도 문제는 있고 이상한 사람은 있다고, 최대한 버티라고, 어딜 가나 비슷하다고 그러시기도 하고요.

그래도 취업에 대한 불안감이 있어요

선생님은 거의 남자분이에요. 요즘은 젊은 샘(선생님)도 조금씩 들어오긴 해요. 아버지 세대 선생님들과 서로 아는 게 다를 때가 있어요(웃음). 처음에는 좀 다가가기 힘들었는데 지금은 친해져서 고민 상담도 하고요. 상담에선, 취업이 진짜 될까 하는 불안감 같은 걸 얘기해요. 제가 입학할 때 매칭된 기업이 갑자기 안 한다고 해서 바뀐 적이 있거든요. 만약에 이 기업도 안 한다고 하면 어떡하나 걱정이 돼요. 그러면 학교에서는 다른 기업을 찾아준다고 말하지만, 못 찾을 수도 있을 것 같고…. 선생님은 그럴 리가 없다, 그렇게 됐다고 해도 다른 회사를 찾아줄 테니까 걱정 말라고 하셨어요. 또 전공과목을 공부하다가 어려울 때 친한 샘을 찾아가서 상담하기도 해요.

특성화고는 취업 때문에 오지만 막상 대학 가는 애들도 많거든요. 취업이나 진학 중에 하나를 선택해야 하니까 더 어려운 것 같아요. 취업하려면 자격증이 필요하고요. 자격증이 네다섯 개인 애들도 많아요. 쇠 깎는 거나 밀링선반기능사나 특수용접기능사 학원에 다니는 애도 있어요. 용접은 여학생도 2학년 때 수업을 했어요. 처음엔 앞이 안 보여서 무서웠는데 뒤에서 선생님이 잡아줘서 안전감이 생기니까 안 무서웠어요. 실습을 해야 하는 실기 자격증 딸 때는 전형료가 더 비싸요. 저는 학교에서 준비한 생산자동화 자격증이랑 제도 자격증만 땄어요. 선생님들이 먼저 어느 자격증이 하고 싶은지 수요를 조사해서 자격증 따고 싶은 친구들을 모아서 가르치는 식이에요.

그런데 고등학교에서 하는 건 기능사 시험이거든요. 다음 단계로 기사랑 기술사가 있어요. 어떤 회사는 아예 기능사는 자격증란에 쓸 수 없게 한다고 들었어요. 대학생이 되더라도 맘 편하게 놀지만은 못할 것 같아요. 자격증을 따야 하니까요. 인문계 고등학교 가지 않은 걸 후회하진 않는데 대학 캠퍼스 생활을 못하는 거랑, 자격증을 준비해야 해서 친구들이랑 놀 시간이 부족한 건 아쉬워요.

고1 때부터 알바를 했어요

아르바이트는 고등학교 1학년 때부터 시작했고 2학년 때 제일 많이 했어요. 반 애들도 거의 다 알바를 하는데 친구가 일이 생겨

못 갈 때마다 제가 대타로 나갔거든요. 정기적으로 일한 데는 식당하고 옷가게예요. 처음에는 하루 종일 서 있는 것도 나쁜 손님을 대하는 것도 힘들었는데 하다 보니 괜찮아졌어요. 돈가스집에서는 가족 외식을 온 손님 중에 아이들이 소란을 피워서 제재하면 아이들이 제일 우선이라고 하고, 다른 사람 신경도 안 쓰고 막 말하시는 분들도 있었어요. 아웃도어 아울렛 매장에서는 주말에 산에 갔다가 술 취한 분들이 오셔서 엄청 술 냄새 피우고, 있는 옷들 다 끄집어내서 입어보고요. 여성복 매장에서 일할 땐 옷에 화장품이 묻으면 안 되니까 페이스 커버 쓰고 입어보시라고 하면 내가 더럽냐면서 막 뭐라고 하시는 손님도 있었어요.

제가 아르바이트를 안 했을 때는 알바 하는 애들이 그런 손님이 있다고 얘기하면 이해가 안 됐어요. 왜 당하고만 있느냐, 두고 봐라, 난 당하면 잡는다고, 내가 세게 나가야 한다고 생각했는데 막상 닥치니까 그게 안 되고 계속 참고만 있게 돼요. 참는 수밖에 없어요. 진상 고객을 만나도 그 사람 신원을 모르니까 신고하기도 어렵고, 뭘 어떻게 해야 하는지 모르니까요.

처음엔 부모님이 제가 아르바이트 하는 걸 싫어했어요. 아직 어른이 되지도 않았는데 미리 힘들 필요는 없다고, 생각보다 어렵다고 해서 반대했는데 요즘에는 별일 없으니까 그냥 두세요. 요즘엔 주말에만 옷가게에서 일해요.

알바 하고 나서 부모님에게 용돈은 안 받아요. 주말에 아르바이트로 번 돈은 친구들과 놀러갈 때 써요. 롯데월드 같은 놀이동산을 가는데, 계획하고 가거나 학교가 일찍 끝나면 "갈까?",

"가자!" 해서 가기도 해요. 다른 아이들이 아르바이트를 하면 그 아이들은 계속 놀러 가는데 나만 못 놀러 가니까 소외되지 않으려고 아르바이트를 하는 것도 있어요. 친구들도 거의 다 아르바이트를 하니까요.

어떤 일이 부당하고 위험한지 잘 모르잖아요

현장실습생 사고가 뉴스에 나오면 저희끼리 얘기도 하는데, 교과목 선생님들이 이런 일 있었던 것 아느냐고 말해주시기도 해요. 이런 일이 안 생기게 해야 하니까 조심해야 하는데, 만약에 회사에 문제가 있으면 선생님한테 전화하라고 그러셨어요. 제주도 현장실습생 사건이 났을 때 선생님 반응은 정확하게 기억이 안 나요. 부당한 일이 있거나 심한 일을 시키면 빠져나오라고, 원래는 현장실습생에게 위험한 일을 시키면 안 되는 거라고 했어요. 그렇다는 걸 그때 처음 알았어요. 애들이랑도 얘기해요. 저희도 기계가 크다 보니까 그런 사고가 일어나면 어떡하냐고, 그분이 너무 안쓰럽다고, 조심해야겠다고 그래요. 남학생들은 저희보다는 고민이 많다고 하더라고요. 여자들은 기계로 채용해주는 데가 많진 않지만, 자기네는 그런 데로 갈지도 모르는데 사고가 나서 불안하다고. 사고 난 분들이랑 같은 성별이고 하는 일이 비슷하니까요.

또 그런 일이 발생하면 샘한테 말하라 했는데 저희도 못 할 것 같다고 얘기해요. 견뎌야 한다는 생각이 있어요. 그리고 저희는 알지 못하잖아요. 이게 부당한지 아닌지 모르니까 이런 일을 당할 수 있을지도 모르는데, 그게 그 회사에서 원래 하던 일이면 위험해도 이거밖에 없다고 생각하니까, 나한테 주어진 일이라고 생각하면 위험해도 할 것 같아요. 그걸 못 하면 제가 일을 못하는 게 되니까 할 수밖에 없지 않을까요. 선생님한테 말하면 부모님도 알게 되고 그게 좀 그러니까…. 부모님이 알면 걱정이 심해지니까 말 못 하죠.

이런 사건들이 일어나면서 저희 특성화고 안전교육 시간이 늘어났고, 갑자기 안전교육을 했어요. 전에는 한 달에 한두 번 했는데 더 많아졌어요. 반에서 모아놓고 하거나 졸업한 선배들을 초청해서 진짜 사회생활을 알려주면서 안전에 대해 말해주기도 하고요. 선배들이 그래요. 회사가 처음에는 기대가 됐는데 생각보다 엄청 좋지는 않다고, 엄청 기대하고 있는 애들은 기대를 접으라고 얘기해요. 많이 불안해하는 애들한테는 또 그럴 필요는 없다고, 생각한 것보다 나쁘진 않다고 하세요. 친한 선배들이 회사에서 힘든 문제가 생기면 대처 방안을 알려주겠다고 연락하라고 해요. 선생님들보단 선배들이 더 가까우니까 저희도 좋죠.

어른들 말은 들으면 좋지만 안 듣는 게 좋을 때가 있는 것 같아요. 제가 느낀 거랑 다른 생각을 말하면 그런 건 아닌 것 같고요. 계속 반대하면 싸울 수도 있으니까 앞에서는 가만있다가 뒤에선 제가 하고 싶은 대로 하게 돼요.

왕따는 없고 페미니즘에 관심이 있어요

학교가 끝나는 시간은 4시 10분이에요. 방과 후에 피곤해서 집에 가는 애들도 있고 저희끼리 남아서 얘기를 나누기도 해요. 그날 뉴스에 뜬 사건이나 학교생활 같은 얘기요. 오늘 어떤 걸 배웠는데 힘들었다거나 그런 얘기도 해요. 인문계와 달리, 특성화고다 보니까 1학년 때 정해진 반이 3년 그대로예요. 남자애들은 집안 형편이 어려운 애들도 있지만 기계 쪽이 좋아서 오는 애들이 대부분이에요. 초반에는 교과목을 못한다 해도 애들끼리 금방 친해져서 적응을 빨리 하는 편이고요.

왕따는 없어요. 그 반 그대로 올라가니까 왕따가 생기면 계속 어색한 상황이라서 웬만하면 싸우지도 않아요. 그런 건 좋아요. 애들이 비슷한 생활에 비슷한 과목을 공부하니까 서로 힘든 것 다 알고요. 각자 힘드니까 잘 안 건드려요.

여자애들은 따로 놀기보다 저희 반 아홉 명이 다 모여야 놀아요. 웬만하면 그래요. 각자 따로 몇 명씩 만나면 나중에 이야기할 때 못 끼는 애들도 있으니까 대부분 같이 놀려고 해요. 말은 안 하는데 돈이 없어서 살짝 빠지는 애들도 있어요. 애들이 착해서, 자기가 빌려주겠다고 하기도 하고 저희끼리 내기를 해서 얘가 한번에 내기로 했다, 그렇게 넘어가요. 완전 다 내주면 걔 자존심이 상하니까 오늘은 내가 쏠게, 다음에 네가 사라, 뭐 그렇게요(웃음).

애들이 생각하는 게 다른 게 있긴 해요. 다른 애들은 자기 욕심이 있으면 그걸 딱 한다는 게 있는데, 저희 학교 애들은 자기 욕심도 중요하지만 주변을 생각해서 해야 한다고 말해요. 애들이 집안이 그렇게 좋은 편이 아니고, 어차피 취직해야 하는데 굳이 대학 갈 필요는 없다고 말해요. 부모님이나 가족들이 기계 쪽에서 일하는 분이나 공장에서 일하는 관계자라서 직접 보고 배우는 걸 원해서 오는 아이들도 있어요. 부모님이 공장 사장인 애들이 많더라고요.

여학생들은 페미니즘에 관심이 있어요. 남자애들이 이해 못 하는 게 있는데, 그럼 그걸 이해시키려고 해요. 음, 여자들한테 살만 빼면 더 좋겠다고 얘기하는 게 기분 나쁘다고 말하면, 남자애들은 그냥 자기 생각을 얘기하는 거래요. 그래도 저희는 기분 나쁘니까 안 된다고 해요. 저는 지금 살을 뺀 거예요. 덜 먹고 운동했어요. 뚱뚱하면 자기 관리 못한다는 식의 말을 듣고, 아무래도 주변 애들의 시선도 있고, 다른 사람들이 안 좋게 보거든요. 제가 취업하는 데는 서비스업이 아니라서 면접 부담은 없어요. 얼굴도 모르고 성적대로 채용하는 회사에 들어갔으니까요. 면접 보는 애들은 고민하더라고요. 염색했거나 화장이 진하면 면접관이 안 좋아하고, 화장을 너무 안 하면 신경 안 쓴 것처럼 보여서 자연스럽게 꾸며야 한대요. 화장은 연하게, 교복 치마 길이도 적당히. 면접 앞두고 치마 늘리는 수선을 한다고 다른 특성화고 다니는 친구들이 그래요.

기술 배우는 게 만만하지 않아요

제가 공고 간다고 했을 때 중학교 친구들이 대부분 반대했어요. 아직도 그렇게 말하는 애들이 있는데, 수능을 코앞에 두고 있는 지금은 오히려 제가 나은 것 같다고 하는 애들이 많아졌어요. 인문계 간 친구들이 입시 원서를 넣으면서 성적 때문에 좌절을 많이 했더라고요. 저도 대학교에 미련이 없는 건 아닌데…. 대학에 들어간다고 해도 잘 버틸 수 있을지도 자신 없어요. 인문계 애들이랑 공부한 게 다르고, 전공과목은 더 잘하겠지만 교양과목 같은 건 진도가 다르니까 아무래도 걸려요.

중학교 때 성적은 나쁘지 않았어요. 항상 반에서 중간 이상은 했어요(유니텍 지원사업을 시행하는 고등학교는 중학교 내신 상위 20~30%에 들어야 지원할 수 있다). 처음엔 여상을 생각했는데 공부 잘하는 애들이 많이 와서 취직이 안 될까 봐 포기했어요. 중학교 때 한 반이 30명 정도였는데 그중 두 명이 특성화고에 갔어요. 다른 반도 한두 명 정도 간 것 같아요. 이렇게 보면, 집안 형편이 어려운 애들이 보이는데 그 애들이 다 특성화고에 진학한 건 아니에요. 어떤 애들은 특성화고에서 자격증 따는 데 드는 비용이 부담스럽다고 해요. 시험 한 번 응시할 때마다 전형료가 2만 원이거든요. 떨어지면 계속 돈이 드니까. 또 다른 애들은 형편이 어려워도 대학은 가야 한다고 부모님이 권유해서 인문계를 가기도 하고요.

특성화고 다닌 게 나쁘진 않은데 좋지도 않은 것 같아요. 친구들이 거의 다 인문계다 보니까 걔네들과 다른 생활을 해서 말이 안 통하는 것도 있고, 저도 인문계 다니고 싶다는 생각이 들기도 하고요. 저희는 체험 학습을 가도 공장 견학을 가는데 인문계 애들은 소풍처럼 가잖아요. 좋은 점이라면, 저희는 오히려 다 상황이 비슷하니까 서로 알려주고 이해해요. 경쟁하진 않는 건 좋아요. 또 다른 학교보다 선생님들하고 더 친해져서 전공과목에 대해 잘 질문할 수 있고 거리낌 없는 것도요. 과 선배들도 계속 마주쳐서 친해져요. 선배를 통해 미리 정보를 알 수 있는 것도 좋아요.

제가 특성화고, 그것도 공고에 간다고 했을 때 친구들이 반대했다고 했는데 주변에서 거의 다 반대했거든요. 부모님, 중학교 선생님, 학원 선생님까지. 아무래도 공고는 공부 안 하려고 간다는 선입견이 있는 것 같아요. 어른들은 자기 자식들이 공부 안 한다고 하면 "기술이나 배워라" 그런 말을 하지만, 제가 3년간 공부해보니까 기술 배우는 게 쉽지도 만만하지도 않아요. 얕잡아 보는 사람들한테 말하고 싶어요. 무시하지 마세요(웃음).

기계의 원리를 조금씩 알아가는 게 재밌어요

내년 3월부터는 한 달은 대학교에서 수업받고 한 달은 회사 가서 일할 거예요. 월급은 최저임금으로, 일하는 달에만 지급되고요. 대학교 다닐 땐 정규 근로시간만 일하고 야근은 없는 게 원칙인데, 회사에 따라 안 지키기도 한다고 들었어요. 만약 야근을 시키거나 야근수당을 안 주면, 대학교 가선 내가 알아서 해야 하는데, 저는 어쩔 수 없을 것 같아요. 제가 회사에 뭐라고 하면 잘릴 수도 있으니까. 고용이 확실한 게 아니잖아요.

회사 다닐 생각을 하면 더 걱정이 되는 건 인간관계 같아요. 같이 일하는 동료가 어떤 사람일지 제대로 모르니까요. 제가 실수를 할 때 포용해주는 사람이 있고 모질게 하는 사람이 있는데 어떻게 대해줄지 걱정이에요. 부당한 일을 당하면 참을 것 같아요. 어떻게 할 방법이 없으니까.

앞으로는 기계 자동화시스템 성능 개발 업무 분야를 계속 공부하려고요. 스마트 팩토리라고, 사람이 입력만 하면 기계들이 알아서 작동하는 시스템을 구축하는 건데요. 제가 들어갈 회사는 비행기 정비도 하고, 비행기 연료 기름 성분 검사도 하고, 비행기 고칠 때 필요한 장비를 검사해요. 실습 기간에 제가 직접 검사해서 오류를 잡아낸 적이 있어요. 안전하게 만들었다는 생각에 보람을 느꼈어요. 우리가 생활하는 주변에 기계가 많잖아요. 에스컬레이터를 타거나 어딜 가더라도 뭐가 어떻게 된다는 원리를 조금씩 알아가고, 그런 게 재밌어요. 능력 있는 기계 정비 전문가가 되고 싶어요.

야근하는 선배처럼 저도 나중에 힘들 것 같아요

서동현(가명, ○○공업고등학교 졸업생)

발부리에 돌이 채이거든 감았던 눈을 와짝 떠라

— 윤동주

저는 금형과거든요. 화장품 공병이나 핸드폰 케이스처럼 플라스틱으로 된 건 다 금형으로 만들었다고 보면 돼요. 회사에서 기계로 철을 깎아서 금형틀을 만들어요. 학교 첫 수업 시간에 샘(선생님)이 철을 준 다음에 톱으로 자르래요. 1학년 때 신고식 같은 느낌이었어요. 그걸 자르고 나니까 샘이 기계로 자르는 걸 보여주면서 "이게 더 편하지?" 그러셨어요. 그때 한 번 힘들었고 배우면서는 공부가 힘들진 않았어요.

고2 때부터 도제교육(특성화고 학생들이 2년 동안 기업과 학교를 오가면서 현장 중심의 직업교육훈련을 받는 것)을 시작해요. 1학년 말 즈음에 학생들을 받아서 가르치려는 회사들이 몰려요. 그 회사들을 선생님들이 애들 모아가지고 버스 타고 일일이 돌아다녀요. 애들이 1지망, 2지망, 3지망 쓰고 면접 봐서 가는 거예요. 일주일에 두 번은 회사에서, 나머지 3일은 학교에서 공부하는데, 회사에서 수업받는 동안엔 최저임금을 적용해 돈을 받으면서 기술을 배웠어요. 반 애들이 다 돈 버니까 방학에 같이 놀러 가고 그런 게 좋았어요.

저는 지금 다니는 회사를 1지망으로 써서 합격했어요. 그 회사가 집에서 가깝고 시설이나 크기도 괜찮아서 선택했어요. 도제 할 때는 미성년자라서 하루에 일곱 시간만 일했어요. 표준협약서랑 근로계약서를 쓰고, 2학년 때 회사 온 첫날 저를 담당하는 직원 분들이 안전교육을 해주셨어요. 이런 거 조심하고 이런 건 어떻게 하라고요. 막상 일해보니까 확실히 현장직이라서 육체적으로 힘들어요.

금형을 잘하려면 손 기술도 있어야 되고 도면 볼 줄도 알아야 되고요. 철을 분해하고 조립할 때 나사를 세게 조여야 되니까 힘이 많이 들어요. 기계를 깎다 보면 뜨겁고 불꽃이 튀어요. 화상 위험도 약간 있는데 어쩔 수 없죠. 금형 업종은 일하다가 철에 찍히거나 아니면 기계에 손이 말려들어가서 다치는 경우가 있어요. 처음에는 무서웠는데 하다 보니까 괜찮아졌어요. 조심하고 알아서 피하는 편이라 다친 적은 없어요. 일이 적성에 딱히 맞는 것 같지는 않아요. 학교에서 할 때는 재밌었는데 회사에서는 일이니까 재미라는 걸 못 느끼겠고요. 그냥 좀 힘들다는 생각밖에 없었어요.

일은 서서 해요. 휴게 공간이나 휴식 시간은 따로 없는데 점심시간에 쉬고, 가끔씩 직원들이 쉬라고는 해요. "안 쉬고 계속 일하면 더 정신이 없으니까 차라리 쉬면서 일해라." "늦어서 야근하면 시급제니까 돈 더 받는데 굳이 안 쉬면서까지 하냐." 직원들이 그런 소리를 많이 했어요.

회사 옆에는 마트가 하나 있는데, 거긴 다 유통기한 지난 것만 판다고 가지 말래요. 직원들이 다른 곳에서 먹을 걸 사와서 따로 갈 일이 없긴 해요. 담배 피우는 직원들은 주위 슈퍼에 담배 사러 가는데 저는 담배를 안 피우니까 그냥 의자에 앉아서 커피 마시고 그런 식으로 쉬어요. 밥은 옆에 있는 식당에서 식권 내고 먹고요.

공부가 싫어서 공고에 왔어요

공부를 잘 못해서 인문계 고등학교에 가기 싫었어요. 원래 농고에 가려고 했어요. 할아버지가 농사짓거든요. 농사가 미래 산업이라고 하니까 할아버지랑 농사지으면 편히 살 수 있겠다고 생각했는데 서류가 안 돼서 못 갔어요. 농고는 땅이 있으면 특별 전형으로 갈 수 있는데 그 땅을 남한테 빌려주면 안 된대요. 아버지가 땅을 빌려주고 있는 상태여서 자격이 안 됐어요.

그래서 선생님이 공고를 권해주셨어요. 공고에 가면 공부 많이 안 하고 기술을 배운다고요. 공부 안 한다는 소리가 저한테는 너무 크게 들리는 거예요. 그래서 좋구나 해가지고 갔는데, 괜찮았어요. 막상 고등학교에 가보니까 저랑 비슷한 애들이 많아서 친해지기는 쉬웠어요. 애들도 공부 싫어하고, 남녀공학이지만 공고가 아무래도 남자애들이 많으니까 남고 같은 느낌이 있어서 편하고 좋았어요.

학교에서도 공부하라고 압박하는 게 아니라 풀어줘요. 야간자율학습도 없고, 교복 똑바로 입으라는 것도 없고요. 과목은 한국사나 영어는 똑같이 배우는데 샘들이 문제를 쉽게 내고 어디에서 어떤 식으로 나올 거라고 말해줘요. 수행평가도 미리 알려주셔서 책 보면서 그대로 적어요. 그렇게 해도 포기하고 답을 안 적는 애들도 있어요. 그런 애들이랑 경쟁을 하니까 뭔가 생각할 수 없는 등수가 나오고(웃음). 음, 한 과목으로만 수학은 전교 11등까지 해본 적이 있어요.

처음 그런 등수를 받아서 집에 가서 자랑을 했어요. 이 등수 받았다고. 그런데 옆에서 동생이 그래요. “나도 그 학교 가면 전교 1등이네!” 이런 소리 하니까 꼴 보기 싫은 거예요. 그래서 “너는 우리 학교 와도 전교 1등 절대 못 해!” 그랬죠. 두 살 차이 나는 여동생이에요. 동생도 나중에 특성화고를 갔는데 그 성적이 안 나오더라고요. 동생은 딱히 인문계 가서 잘할 자신이 없어서 상업계로 갔어요. 인문계에서 중위권 하는 것보다는 차라리 상업계 가서 상위권 하는 게 낫겠다고요.

특성화고 나온 것 자체가 잘못된 느낌이에요

부모님은 제가 특성화고 다닌 걸 만족하세요. 학교 성적도 어느 정도 나왔고 돈도 벌고 그러니까요. 그전엔 엄마랑 많이 싸웠죠. 중학교 때부터 공부에 흥미가 떨어진 것 같아요. 과목 수도 많아지고 원래 영어도 안 좋아했는데 영어가 중요하다고 수업 시간도 늘고 하니까 따라잡기가 힘든 거예요. 공부가 재미가 없고 학원도 다니기 싫은데 엄마가 계속 보내서 학원을 빠진 적도 많았어요. 점점 공부를 포기하고 엄마도 몇 번 뭐라고 하다가 잔소리를 안 하셨어요. 그런 상태니까 엄마는 오히려 공고를 가라고 했어요. 차라리 기술을 배우라고요.

집안에서는 외할아버지가 좀 반대했죠. 사촌 형이 전교 상위권을 하다가 명문대에 갔거든요. “형은 와서 무조건 공부만 하는데 너는 왜 게임만 해?" 외가 가면 할아버지가 그러고요. 작년에 제가 염색을 했더니 너는 왜 학생이 염색하느냐 뭐라고 하고요. 그 형은 졸업하고 나서 염색을 했거든요. 형이 공부를 잘하니까 차별을 심하게 해요. 할아버지한테 대들면 더 혼나니까 딱히 말은 안 했어요.

친가에서는 그냥 궁금해해요. "특성화고 가면 뭐 해?" 그렇게 많이 물어봐요. 거의 인문계를 다니니까요. 인문계는 졸업하면 대학에 가는데 특성화고는 나오면 뭐 하는지 잘 모르더라고요. 그래서 도제 같은 걸 말해주면 뭔가 부러워해요. 사실 외가 사촌 형도 저를 좀 부러워하기는 해요. 돈 번다고요. 저는 형이 별로 안 부러워요. 이과 갔으면 부러워했을 텐데 문과니까 딱히 부럽지 않았어요. 그런데 사촌 형도 그렇고 인문계 다니는 애들이나 동생도 저보고 "돈 버니까 부럽다" 그러는데 제가 일하느라 힘든 건 모르고 다 돈 벌어서 좋겠다고만 하니까 어이가 없죠. 특성화고라고 무시해놓고 돈 버니까 부럽다는 건 이해가 안 돼요.

특성화고 학생들이 사고 났을 때도 뉴스에 '특성화고 졸업생'이라고 자막이 뜨는데 저는 특성화고라고 차별하는 느낌이 들었어요. 꼭 특성화고라고 언급해야 됐을까? 그런 생각이 먼저 들었어요. 그냥 인문계 고졸이 일하다가 사망할 수도 있는 건데 특성화고 나온다는 그 자체가 잘못된 것 같으니까요. 특성화고에 대한 시선이 별로 안 좋은 것 같아요. 그냥 인문계 다니면 고등학생이라고 하고, 똑같은 고등학생인데 특성화고 다니면 '특성화고'를 붙이고요. 그런 사고 뉴스를 보면 현장실습을 같이 하는 사람으로서 안타까운 마음이 많이 들었어요. 저한테도 닥칠 수 있는 일이라고 느낀 적은 없지만요. 그분(구의역 김군)은 진짜 지하철에서 일하다가 갑자기 죽을 수도 있는 위험한 상황인데, 저는 딱히 그런 환경은 아닌 것 같아서요. 부모님이 뉴스 보고 이 사람 죽은 거 아냐고 물어보고, 저한테 일할 때 항상 조심하라고 했어요. 부모님은 둘 다 사무직인데 저는 현장직이니까 너는 언제든지 사고 날 수 있다고 주의를 주셨어요.

뭐가 잘못된 요구인지 배웠으면 좋겠어요

구의역 사고가 났을 때는, 샘들이 업체마다 돌면서 점검하는 게 있는데 잘 안 가시던 분들도 일주일에 한 번은 꼭 가셨어요. 애들한테 잘 다니냐고, 회사 어떠냐고 물어보고 도제교육 받아서 회사 다니는 애들을 대상으로 설문조사도 했어요.

평소에는 아이들이 실습하다가 못 가겠다고 하면 선생님들은 그냥 일단 참으라는 쪽이에요. 취업 나갔다가 돌아오면 학교 이미지도 안 좋아지니까 "참아라. 대신 다른 회사를 알아봐줄게" 이러죠. 학교로 돌아오라는 얘기는 안 해요. "오면 결석이야. 참아. 진짜 힘들면 말해" 이러시죠. 2학년 때 회사 다니다가 샘한테 말해서 3학년 때 회사를 바꾼 애들도 있어요. 교통이 별로 안 좋다거나 아니면 회사에서 월급이 늦거나 하는 경우죠. 월급을 제 날짜에 안 주고 두 달 뒤에 주고 그래서 친구한테 돈 빌리다가 싸운 애들도 있어요. 그래도 우리 샘들이 다른 학교에 비해 신경 많이 쓰셨어요.

자습 시간에 담임샘이 민주사회 교과서를 읽으면서 노동인권 교육을 해요. 산업재해 사고가 많다고 얘기해주셨어요. 여러 가지를 배웠는데 주휴수당이 1.5배라는 것밖에 생각이 안 나요. 나머지는 졸아서요. 회사에 나와 보니까 좀 더 배웠으면 좋았겠다 하는 게 있죠. 근로계약서 쓰는 법도 학교에서 배우기는 하는데 더 구체적으로 가르쳐줬으면 좋겠어요. 산업재해는 법적으로 어떻게 할 수 있고, 부당한 일 있으면 누구한테 찾아가서 어떻게 처리하고 그런 거요. 노동인권 교육을 1년에 한 번밖에 안 하니까 애들이 다 잊어먹어요. 그것도 한두 시간밖에 안 해서 기억도 안 나요. 다음 주면 까먹을 텐데…. 회사에서 사장님이 뭘 요구했는데 그걸 내가 거부할 수도 있는지 아닌지 그런 권리를 배웠으면 좋겠어요. 저희 같은 나이에는 뭐가 잘못된 건지 아닌지 모르니까요.

우리 반에서 실습하면서 다친 애는 한 명 있었어요. 손가락을 다쳤는데 금형이 커서 호이스트로 옮기다가 그랬대요. 원래 장갑을 끼고 해야 되는데 안 껴서 베인 거죠. 병원 가서 수술을 받았어요. 회사에서 수술비 대주고 최저임금도 결근일만큼 챙겨줬대요. 산재 처리는 안 하고요. 또 회사에서 청소 일만 시켜서 그만둔 애가 있어요. 회사에 기술 배우고 싶어서 왔는데 아무나 다 할 수 있는 화장실 청소 이런 것만 시키니까 싫죠. 그리고 3학년이 되면 회사를 주 3회 나가거든요. 그럼 주 21시간이라서 주

휴수당을 받는단 말이에요. 그걸 안 주는 회사에 다녔던 애도 있었어요. 그런 문제가 생겼을 땐 학교에서는 도제 담당하는 샘한테 말씀드리면 해결해주세요. 아니면 조금만 참으라고 하고 졸업 전에 다른 데로 취직시켜주셨어요.

어떻게 보면 인질로 잡힌 것 같아요

저희 회사는 주휴수당은 다 주고 청소는 각자 해요. 제가 직접 겪은 문제는 없어요. 한번은 거래처에서 저희 회사를 둘러보는 실사가 있는데 그거 앞두고 한 직원이 보여주기 식으로 근로계약서를 작성했어요. 그 직원이 15년 동안 다녔는데 그동안 근로계약서를 한 번도 안 썼대요. 그때 처음으로 쓴 거죠. 안전관리를 받은 스티커도 기계마다 붙여야 되는데 그런 것도 실사 나오기 몇 시간 전에 붙였어요. 이런 식으로 하니까 별로였던 것 같아요.

저는 아직 미성년자라 시급제거든요. 저보다 1년 선배는 사장님이 "생일 지나면 연봉제 해줄게" 했는데 아직도 연봉 협상 안 하고 그냥 최저임금을 받고 있어요. 눈치 보여서 말을 못 하니까요. 저라면 말할 것 같아요. "연봉협상 하면 안 돼요?" 이렇게 물어봐야죠. 그래도 안 하면, 될 때까지 해야죠. 그 형은 일요일에도 회사에 나오는 경우가 많아요. 형이 토요일에는 학교를 가야 되니까 어쩔 수 없이 못 나오고, 일요일에 나와서 일해요. 왜냐하면 회사랑 대학교가 연계돼서 회사를 잘리면 대학교도 잘리거든요. 어떻게 보면 인질로 잡힌 거니까 일요일에도 나오라고 하면 나오죠.

그 형이 힘들어 보여서 저도 나중에 힘들 것 같아요. 힘들어 보인다는 생각밖에 없어요. 그 형은 또 사장님이랑 사는 동네가 비슷해요. 교통이 불편해서 같이 퇴근해야 되니까 사장님이 오래 남아 계시면 그냥 똑같이 남아서 일해요. 야근하는 게 너무 힘들어 보여요. 그다음 날 아침에 형이 몇 시까지 야근했다고 하면 내가 미안해요. 사장님이 직원을 더 안 뽑아서 지금 인원으로 하기에는 일이 많아요. 형은 월급날에 월급 더 많이 받는 것, 그거 빼고는 낙이 없대요.

저는 현장실습생에서 정직원이 된 지 아직 3주밖에 안 돼서 정시 퇴근해요. 실습생일 때나 지금이나 일하는 게 똑같아서 별로 차이를 못 느껴요. 그런데 사회생활을 어떻게 해야 되는지, 인간관계나 직원들 성격을 어떻게 맞춰줘야 하는지 그런 건 어려운 것 같아요. 직원 중에 성드립을 자주 치는 사람이 있는데 그럴 때 어떻게 해야 하나. 회사에선 그냥 웃으면서 넘어가거든요. 엄마한테는 말 못 하고 아빠한테 물어봤더니 그냥 네가 알아서 버티라고, 뭘 그런 걸 물어보느냐고 하셨어요.

용돈을 안 받아 쓰는 게 제일 좋아요

제 낙은 월급날에 월급 받아서 쓰는 거예요. 월급 타서 엄마 아빠한테 화장품이랑 지갑을 선물했어요. 동생도 뭐 사주고요. 일하니까 용돈을 안 받아 쓰는 게 제일 좋은 것 같아요. 고3 때부터 용돈을 안 받았어요. 처음 월급 받아서 쓸 때는 그전보다 쓰는 단위가 공(0)이 하나 더 붙다시피 하니까 진짜 느낌이 달라요. 아무래도 편하죠. 내가 버는 내 돈인데 왜 엄마가 간섭하느냐, 이런 느낌이에요. 엄마도 뭐라고 안 해요. 힘이 생기는 느낌이에요. 돈은 제가 직접 관리해요. 아무도 안 믿거든요. 적금도 제가 넣고요.

나머지 월급으론 사고 싶은 옷도 사 입고요. 돈을 버니까 확실히 친구들을 만나면 씀씀이가 커져요. 주말에 친구들을 만나서 술 먹고 피시방 가고 그것밖에 안 해요. 딱히 남자들끼리 할 게 없어가지고요. 청소년은 밤 10시 넘으면 피시방, 찜질방을 못 가거든요. 그런데 학교 졸업하니 피시방 10시 출입 금지가 없어지고 술도 편의점에서 먹고 싶을 때 먹으니까 편한 것 같아요. 피시방 가서 사발면이나 먹고 싶은 걸 다 시켜도 싸니까 아무거나 다 시켜요. 학생 때는 갈 데가 없으니까 공원 같은 데서 놀고, 술 뚫린 애들은 어른들 몰래 술 사 먹고 그랬거든요. 얼굴 삭은 애들이 그때는 술 뚫려서 좋았는데 지금은 성인이 돼가지고 민증 검사 안 한다고 막 화내요(웃음).

저희 반 열일곱 명 중에서 두 명은 대학교 간다고 회사를 관뒀고 나머지는 비슷한 회사에 다니고 있어요. 회사는 대부분 학교 근처예요. 저희 학교는 대림대가 연계돼 있는데 성적 되는 애들은 인하공전에 가고요. 폴리텍대학교에 가고 싶은 애들은 거기 가요. 도제 하는 애들 빼고 취직한 애들이 전교에서 두 명밖에 없어요. 다 대학교 가죠. 사람들 시선이 별로 안 좋으니까 부모님들이 보통 대학교 가라고 하잖아요. 공고에 오는 친구들은 가정 형편 때문이라기보다는 아빠가 이쪽 계열 사업을 해서 애들도 배우려고 오는 경우가 많아요. 그냥 저처럼 어쩌다 온 애들도 있고, 여러 가지 경우예요.

가정 형편이 어려운 애들은 인문계에도 있잖아요. 집이 어려운 애들은 돈이 부족하면 알바를 하죠. 고등학교 때 저도 알바했어요. 도제를 하면서도 더 벌고 싶다는 생각이 들고 돈 욕심이 있어서 했는데, 돈 버는 것보다는 차라리 이때 쉬는 게 낫겠다 싶어서 관뒀어요. 회사를 갔다 와서 6시부터 10시까지 알바를 했어요. 집에 와서 바로 자고 또 회사를 가야 되니까 너무 힘들었어요. 계산해보니까 하루에 고작 8만 원밖에 못 버는데 그럴 바에는 그냥 쉬는 게 낫겠다는 생각이 들더라고요.

올해 천만 원 모으는 게 목표예요

저는 올해 천만 원 모으는 게 목표예요. 솔직히 말해서 결혼하려면 몇 억 모아야 한다 이러는데, 돈을 저축해서 모으는 건 힘들 것 같아서 개인적으로 부동산 투자를 하거나 주식을 사서 늘리고 싶어요. 주식이 위험하니까 아빠가 주식은 하지 말라고 했지만, 부동산 투자에는 생각이 있어가지고 가끔씩 책을 보고 있어요. 재작년부터 봤어요. 그때는 대출 규제가 세지 않아서 이렇게 하면 되겠다 싶었는데 지금은 대출 규제가 세지니까 목표가 바뀐 거죠. 그래서 돈을 더 모아야 되겠다고요. 집값 상승 폭이 은행 이자보다 오르는 게 더 크니까요. 일이 힘들어도 월급 받는 생활은 계속할 거예요. 어차피 어딜 가도 힘드니까요.

대림대학교 기계과에 올해부터 다녀요. 서류 접수하고 면접 보고 평범하게 수시로 들어갔어요. 평일은 회사에서 일하고 토요일만 학교에 가는데 방학이 없어요. 대학교 2년 다닌 다음에 졸업하면 군대 다녀와야죠. 나라 정책 중에 특성화고 졸업하고 회사를 3년 다니면 2천만 원 주는 게 있어요. 중소기업을 살리는 정책인데, 한번 받아보려고요. 일단 계획은 거기까지예요.

우리의 첫 노동이 인간다울 수 있을까요?

이은아(전국특성화고졸업생노동조합 위원장)

목소리를 키우라는 건 크게 말하라는 뜻이 아니에요.
본인이 원하는 바를 소리 내어 말할 자격이 있다고
스스로 느끼라는 뜻이죠.
__ 데버라 리비

충남에 있는 강경상고를 나왔어요. 중학교 3학년 때까지만 해도 특성화고가 있는 줄도 몰랐어요. 저는 공부에 별로 생각이 없었거든요. 공부를 열심히 안 하니까 담임선생님이 걱정을 하시더니 "상고 가면 일찍 취업해서 돈을 벌 수 있다고 하더라. 거기 갈래?" 그래서 "그럴게요" 하고 바로 원서를 냈어요. 전혀 모르고 있다가 되게 정신없이 입학을 한 거죠.

학교에 가보니까 일단 과목부터 분위기까지 인문계랑은 전혀 달랐어요. 인문계는 모의고사도 매번 보고 수능을 목표로 하잖아요. 저희는 아예 취업을 목표로 하니까 진로 설정하는 것부터 준비하는 과정까지 다 다르고, 수능 얘기는 전혀 안 해요. 어디가 임금이 얼마고 몇 명 취업이 됐고, 어느 선배는 어디 갔고, 자격증 뭐 따야 되고 만날 이런 얘기만 해요.

저희 학교는 회계과, 금융과 두 개가 있는데 저는 회계과였어요. 인문과목은 기초만 하고 회계기본, 회계원리, 재무, 세무, 원가, 인사, 기본 전산회계, 컴퓨터 일반, 사무 일반 같은 걸 싹 배우고 상업, 경제, 창업 이런 것들을 배워요. 방과 후 시간에도 자습은 자격증 공부를 하고요.

특성화고 3년 과정은 거의 대학교 전공 1학년 과정 수준이거든요. 저는 전공과목이 좋았어요. 원래 인문과목에 그다지 관심이 있었던 게 아니라서요. 전공과목은 기초 과정이 필요하지 않고, 다 처음 배우는 거니까 쉽고, 또 회계가 은근히 적성에 잘 맞았어요. 상업과목은 실생활에 쓸모도 많아요. 연말정산 할 때 알차게 썼거든요. 환급을 많이 받았어요. 어차피 다 실생활에서 쓸 수 있는 지식들이니까 배우는 데 불만이 없었어요. 딱 2학년 때까지는 잘 갔다는 생각이 들었어요. 취업 걱정을 당장 코앞에서 하는 게 아니니까요. 3학년 때 저희 학교는 조기취업 형태로 다들 현장수업을 나가거든요. 기록을 현장수업이라고 해놓고 조기취업을 하는 거예요. 빠르면 3학년 1학기, 5월부터 취직해서 나가요. 다들 분주하게 추천서 쓰고 면접 보러 다니고 어디어디 갈지 입사 지원서도 쓰고, 그렇게 바쁘게 지내고 저도 그렇게 살았어요.

공기업을 목표로 취업활동을 했어요

다른 학교 분위기는 잘 모르겠는데, 저희는 공부 잘하는 애들 몇 명만 공기업이나 은행 쪽에 반복해서 지원을 해서 가요. 자기가 자율적으로 알아보고 다니거나, 또 지역에 학교마다 연결된 산업체로 나가기도 하고요. 저는 그중에서도 선생님들이 공기업을 목표로 둔 학생으로 관리했어요. 공부를 그렇게 잘한 건 아니었지만 대외활동을 많이 했거든요.

창업동아리 활동을 했어요. 비즈쿨이라고, 중소기업청이랑 교육청이 함께 고등학교 창업동아리에 예산을 지원하는 사업이 있어요. 학생들이 발명도 하고 실제로 상품을 팔아보기도 하고 중고마켓도 해보라고 만든 거예요. 사업계획 분야와 발명 분야 중에서 선택할 수 있는데, 발명 분야는 공고나 마이스터고에서 주로 했고요. 대부분 그쪽에 창업동아리가 많이 활성화되어 있어요. 상업고등학교에는 이 사업에 대해 거의 지식이 없었어요. 그래서 제가 한번 동아리를 만들어보겠다고 사업계획 분야를 뒤져본 거예요. 흥미가 없으면 아예 안 하고, 뭘 시작하겠다 하면 끝을 봐야 되는 성격이라서요. 저희 학교에 창업동아리가 없었는데 제가 사비로 청소년창업경진대회 다니면서 창업동아리를 만들고 나왔어요. 대외 실적을 쌓아놓아서 선생님이 얘는 공기업 갈 만한 뭐가 되겠다고 했는데 잘 안 됐죠.

공기업 정책이 작년에 많이 바뀌었어요. 채용 인원부터 뽑는 방법인 NCS(국가직무능력표준시험)도 매년 바뀌는데 그 흐름을 못 따라갔어요. 3학년 때 입사 지원서를 한 30개 썼어요. 공기업은 흔히 말하는 사대보험공단, 한전 산하 발전소, 금융공기업, 뒤에 '공사' 붙는 데를 포함해요. 원서 넣고 시험 보고 면접 보는 걸 1년 동안 했어요. 별로 좋은 기억은 없던 3학년이었어요.

저는 제가 부족한 줄 알았는데 그것도 약간 있었고, 애초에 고졸 채용 인원이 많지 않았어요. 모든 공채 인원을 다 합쳐도 특성화고 졸업생의 1%가 채 안 돼요. 전국에 상업계열, 공업계열 학교가 있잖아요. 공기업 중에서 뽑는 기업이 있고 아닌 기업이 있고, 거기에서 또 성격 맞는 데를 가야 되니까 추리고 추리면 사실상 들어가기가 바늘구멍보다 좁은 것 같아요.

공기업이 들어가기 어려운데 워낙 안정적이니까 다들 가고 싶어 했죠. 고졸이라고 했을 때 갈 곳이 더 없거든요. 공무원 기준으로 만 24세가 지나면 특성화고 전형에 지원을 못 해요. 일반 전형이면 특혜 가산점이 없어요. 그 기간이 경과하기 전에 경력을 쌓아놓아야 일반 전형으로 가도 경력으로 들어갈 수 있잖아요. 그래서 다들 초반에는 되게 안정적인 곳으로 가려고 노력해요. 그렇게 경력을 쌓아놓고 나중에 뭐라도 해보려고 하죠. 그러면 대학 졸업할 때쯤의 나이가 되니까요.

저는 일반 사기업도 가보려고 했는데 학교에서 계속 공기업만 넣으라고 했어요. 그동안 학교에서 공기업을 간 학생이 한 명도 없었으니까 제가 가면 첫 입문이거든요. 어떻게든 해보려고, 끝까지 넣어보면 되겠지, 애가 아예 못난 것도 아니니까, 하고 계속 밀어붙였는데 결국에는 안 됐죠. 지쳐가지고 뒤로 갈수록 결과가 더 안 나왔어요. 결국 학교 졸업하고 올해 제가 알아보고 면접 봐서 인턴 자리에 취직한 거예요.

인턴도 체험형, 채용형이 따로 있어요. 채용형 인턴이면 직원으로 전환이 거의 다 되는데, 만약 인턴 기간에 무슨 일이 있으면 잘릴 수 있죠. 저는 체험형 인턴이었어요. 공기업 인턴이 경쟁이 세요. 평택에서 인턴을 세 명 뽑으면 두 명은 대졸이고 한 명만 고졸이에요. 이러면 평택 전체에서 고졸 딱 한 명 뽑는 거예요. 거기를 들어간 거거든요. 진짜 악착같이 해서 들어갔어요. 필기시험 없이 자소서도 내고 서류나 면접을 까다롭게 해요. 4개월 계약이었는데, 연장을 중간에 두 번 했어요. 그래서 6개월 일했어요.

공기업 인턴은 고졸과 대졸이 하는 일이 똑같았어요

인턴 하고 허망했던 게, 인턴 뽑을 때 대졸 전형, 고졸 전형으로 나눠서 뽑았거든요. 그런데 뽑고 나서 하는 일은 다 똑같았어요. 인턴 업무는 주로 공공기관 특수 업무직이에요. 어떤 공단에서 새로운 상품을 만들었을 때 그 업무를 단기로 할 사람이 필요하거든요. 저도 과에서 새로 만든 지원사업을 맡을 사람, '특수 업무 겸 사무기타 보조'로 들어간 거예요. 초기에 홍보랑 영업을 하려면 전화를 많이 해야 되니까 그런 거 할 때 인턴을 뽑죠. 초반에 그런 일들을 하고 슬슬 잠잠해질 때쯤 되면 나와요.

처음에 들어가서 영업 전화를 엄청 했어요. 한 달에 몇백 통씩 했어요. "이런 제도 생겼는데 들어보셨나요?" 설명해주고 "신청하실 거면 팩스 보내드릴 거니까 이렇게 쓰시고요" 해서 받은 서류를 입력해요. 또 인턴은 할당량이 있었어요. 오늘 하루 몇 개 채웠는지 확인하고 못 채웠으면 다시 전화하고요. 또 저는 직장 들어와서 봉투를 정말 많이 접었거든요. 2400통을 접었는데, 풀칠해서 붙이고 우편으로 딱 보내는 일까지. 보통 직원들이 자기 업무를 하잖아요. 그러면 외적인 일은 저희가 하고, 다른 부서에서 도와달라고 하면 다른 부서도 갔다 오고…. 회사 들어오면 대졸, 고졸 상관없이 그냥 인턴이에요. 월급도 똑같이 받아요. 그런데 뭐하러 나눠서 뽑는지 모르겠어요. 회사는 좋았어요. 가고 싶은 회사가 됐어요. 고졸이든 대졸이든 들어오면 다 6급이거든요. 직급 체계가 나눠져 있지 않은데 이런 데가 많이 없어요.

인턴 같은 단기 취업을 하는 이유는, 취직을 하려면 시간이 되게 오래 걸리거든요. 취업 준비 공부부터 시작해서 공채가 시작하면 서류를 내고 서류 합격하면 필기시험을 보고 필기 합격하면 면접을 보고요. 면접은 1차에서 안 끝나요. 1, 2차를 봐야 되고요. 다른 사기업들도 필기시험이 없더라도 면접을 몇 번씩 봐야 돼요. 그 사이에 공백기가 있는데 공백기에 뭐라도 해놓아야 되잖아요. 돈이라도 벌어야 생활을 하니까요. 그리고 그 해당 공기업에서 인턴을 하면 다음 연도 공채에 가산이 붙어요. 합격 가산은 아니고 서류시험 가산이라서 서류에서만 티오(TO)가 있는 가산을 위해서 인턴을 하기도 해요.

그런데 6개월 일해도 인턴이니까 퇴직금이 없잖아요. 그래서 바로 직장을 구했죠. 지금 일하는 데도 6개월 단기직이에요. 지역아동센터에서 사무행정 업무 겸 보조교사로 일해요. 경력이 안 쌓이는 일이고 거의 생계형이죠. 또 나라에서 하는 일자리는 겸직이 전혀 안 돼요. 지금 주 20시간 근무에 80만 원대 받고 일하는데 아르바이트를 못 해요. 근무를 더 오래 하고 싶어도 못 하고요.

말리고, 욕하고, 깔보는 느낌을 받았어요

일반 시민들도 좀 그렇게 보는 것 같아요. 학생들 교복을 보면 어느 학교 다니는지 딱 알잖아요. 저 살던 데랑 학교가 멀어서 동네에 가면 모르는데, 학교 있는 곳 시내에 가면 교복이 튀잖아요. 상고니까 공부 못해서 가는 데라는 건 기본이고, 그 학교 나와도 쓸모없다, 불량한 애들 가는 데다, 이런 의미의 폭력적인 말들을 들었고요. 실제로 모르는 사람이 갑자기 시비 건 적이 있어요. 버스를 탔는데 동네 아주머니가 어떡하려고 거길 갔느냐, 너네 엄마 고생하는 게 뻔히 보인다면서 왜 상고 다니냐고 하더라고요.

친척들 모이면 얘는 어느 고등학교 다니고 어디 대학 갈 거고 그런 얘기를 하잖아요. 그런데 상고를 다니면 별말 없다가도 너는 왜 거기를 갔느냐고 이제라도 전학 가라고 그래요. 실제로 취업하기 전까지만 해도, 쟤는 커서 뭐가 되려고 그러느냐는 느낌을 되게 많이 받았어요. 특히 할머니 할아버지가 거기 간다 그랬을 때 엄청 놀라셨거든요. 아빠도 거기 가지 말라고 그랬는데 제가 막무가내로 원서를 낸 거예요.

말리고, 욕하고, 깔보고, 이런 느낌이 기본으로 깔리는 것 같아요. 인문계 애들을 만났을 때도 그래요. 그냥 같은 고등학생이잖아요. 엄밀히 말하면 성격이 다른 고등학교를 간 건데, 외고 다니는 애들이 있을 때는 공부 잘하니까 우리는 같은 고등학생이야, 이러다가 상고 애들이 오면 쟤네는 수준 떨어진다는 느낌으로 보고, 실제로 그런 말을 하는 걸 들은 적도 있었어요. 이런 저런 캠프를 다니면서 인문계 애들을 가끔 만났거든요.

보통 흉볼 때는 조심조심하거나 뒷담화를 까잖아요. 그런데 상고를 다니면 앞에서 당당하게 욕해도 된다는 식으로 욕을 하더라고요. 요즘은 또 어떨지 모르겠는데, 더 심해진 것 같아요.

고등학생들 진로가 거의 당연히 수능 보는 것처럼 흘러가니까 오히려 더 당당하게 그래요. 그런 차별을 받아도 그때는 제가 당연히 취업할 줄 알았으니까 "나중에 내가 돈 벌고 나서 봅시다" 이랬죠(웃음).

특성화고 자체를 온 건 후회 안 했는데, 다른 특성화고에 갈 걸 그랬나, 충청도 말고 서울이나 아예 밑에 있는 울산으로 갈 걸 그랬나 하는 생각을 했죠. 일단 취업처는 자기가 있는 지역을 따르게 되는데, 저는 애초에 학교 근처에서 집이 좀 떨어져 있었어요. 권역 밖으로 취업을 하려면 굉장히 힘들어져요. 강경상고가 있는 충청도·대전 권역에서 취업을 해야 되는 거죠. 그러니까 다른 대도시로 갔으면 선택의 폭이 넓어졌을 것 같아요.

특성화고도 서열을 엄청 따지거든요. 학교끼리도 있고 학교 내부에도 있어요. 유명한 여상과 상고가 따로 있고, 지방 상고가 따로 있는데, 대학교에 스카이 있고 지방대 있는 느낌이에요. 학교에서는 애들을 적성에 관계없이 성적순으로 취업 자격을 줘요. 말도 안 되는 얘기인데 특수반도 만들어놔요. 방과 후 동아리반처럼 걔네들만 모아놓고 교육 기회를 대놓고 따로 주고, 자격증도 더 심화된 걸 가르쳐줘요. 전교생이 100명 있으면 그 반엔 10명이 들어가요. 10% 정도. 저는 그 반 밖에 있다가 갑자기 성적이 올라서 들어가게 됐거든요. 견제가 심했어요. 처음 올 때부터 선생님들이 워낙 띄워주면서 가니까요. 나중에 그런 오해들은 차차 없어지기는 했지만, 그렇게 애들을 나눠놓는 게 충격이었죠.

현장실습생 사고는 어쩔 수 없는 건가 싶기도 했어요

제가 고3 때만 해도 현장실습 제도가 바뀌기 전이었거든요. 올해(2018년)부터는 제도적으로 10월부터 실습을 나갈 수 있어요. 너무 늦게 나가다 보니 학교랑 연계돼 있던 산업체가 다 빠져버리는 거예요. 그리고 이제부턴 실습을 나가면 임금이 아니라 실습비를 받는데, 실습비가 식대 포함, 한 달에 20만 원이에요. 어떤 사람은 서울에서 학교를 다니는데 경기도 화성까지 실습을 나가요. 따로 교통비는 없고 급여 20만 원. 그런 식이니까 안 한다는 애들도 점점 많아지고, 저처럼 빨리 취업해서 나가려고 하는 애들도 있으니까 불만이 점점 높아지고 있어요.

원래 현장실습생은 노동자 겸 학생이었는데 노동자 성격이 없어져버렸어요. 원래는 학생용 표준근로협약서랑 노동자용 근로계약서를 같이 썼어요. 노동자 신분 겸 학생 신분이고 학교 보호까지 받았어요. 그런데 실습생을 위한 표준근로협약서만 쓰니까 20만 원을 받아도 학생이라서 괜찮은 거예요. 애초에 현장실습 제도 개선을 요구할 때부터 현장실습을 없애는 게 아니라 취업했을 때 무리한 연장 근무나 안전에 대한 관리감독을 제대로 안 해서 사고가 나니까 그걸 제대로 하라는 얘기였는데 오히려 악화가 됐어요.

공고나 농고는 자기 기술 쪽으로 현장실습을 가잖아요. 저희한테 기술은 회계나 상담 서비스니까 그 분야로 조기취업을 나가죠. 다들 힘들지만 어떤 위험이 있느냐가 달라요. 저희는 사무직·서비스직이라서 대부분 우울증 같은 정신적 위험이 크고, 공장이나 발전소 같은 데는 물리적 위험이 크고요.

제주도 이민호 군 사건을 들었을 때는 제가 고3이어서 취업 준비로 바빴고 먼 일로 느꼈거든요. 아마 특성화고 학생들 대부분이 그런 생각을 할 거예요. 이 사고와 나랑은 멀다고요. 그렇게 세뇌되는 분위기 속에서 다니거든요. 또 사회적으로 워낙 고졸이면 모자란 것처럼 나오니까 '고등학교 졸업하면 어쩔 수 없나?' 그런 체념이 깔려 있는 것 같기도 해요. 고등학교 졸업하면 위험한 일을 하게 되고 사고당하고 그럴 수 있지. 어쩔 수 없어. 억울한 마음은 들지만 자기는 안 그렇게 생각하려고 해도 세뇌가 되고…. 반항하는 것도 사회적 지위나 용기가 필요한 것 같아요.

학교에서는 노동인권을 거의 안 배웠어요. 저희 기수 때만 해도 충남지역은 노동인권 교육 자체에 둔감한 편이었어요. 교육 시간엔 교육청에서 만든 영상물이 나와요. 영상물을 틀어놓고 딴 걸 했죠. 취업 나가는 애들은 출석부랑 그 영상 플레이 버튼을 얼마나 눌렀느냐를 보니까 의무적으로 때우기 위해서 보고요. 엄청 형식적이었어요. 노동인권도 아니고 그냥 노동교육이었고요. 현장교육, 현장에티켓 위주로 나오고 산업안전표 조금씩 곁들여져 있는 수준이에요.

선생님들이 직업교육을 할 때는 기본적으로 "힘들어도 그냥 견뎌라" 하시죠. 그게 사회생활이고, 버티면 거기 직원이 돼서 계속 돈을 버는데 당장 포기해버리면 아무것도 안 된다며 밝고 희망찬 얘기를 하세요. "대학 졸업해도 직장 못 가진 사람들이 얼마나 많은데, 빨리 취업해서 일찍 돈 버는 게 얼마나 좋아? 힘들다고 학교로 돌아와서 딴 데 못 가면 그때는 어떻게 할 거냐?" 이런 식으로 말해요. 애들은 회사에서 일해본 적이 없으니까 잘 모르죠. 다니면서 비로소 알게 되는 것도 있고, 다니면서도 노동자의 권리나 인권을 솔직히 잘 몰라요. 회사 분위기 자체에 적응을 해야 되니까요.

저희 학년에서 유일하게 취업 못 한 졸업생이었어요

제가 저희 학년에서 유일하게 취업 못 하고 졸업한 학생이거든요. 학교에 맨 마지막까지 남아 있었잖아요. 그때 학교 취업지원실에 주로 있어요. 오랜 시간 같이 있다 보니까 취업부장님하고 되게 친했어요. 거기 있으면 다 듣잖아요. 선생님들이 업체에 감독 나갔다 와서 꼭 한 번 들렀다 가고, 담임선생님도 취업 담당을 같이 하시다 보니까 놀러 와서 얘기하고요. 안 들으려야 안 들을 수가 없어요. 가면 갈수록 충격이었어요. 콜센터에서 돌아오겠다는 친구들이 많았는데 선생님들이 엄청 막더라고요.

애들이 공장으로 취업을 나가면 일하느라 바빠서 소식이 한동안 안 들리거든요. 그러다가 오랜만에 만났는데 애가 좀 늙어 있고요. 공공기관이나 공기업, 은행에 취업한 친구들은 돈 잘 벌고 사는 줄 알았더니 되게 가난하게 살더라고요. 고졸 임금이 대졸 임금하고 차이가 커요. 법적으로 누구나 최저임금을 줘야

되는데, 그게 연말에 상여금이랑 기타 붙는 금액들까지 합해 평균을 내서 최저임금을 조금 넘으면 최저임금 준 걸로 쳐줘요. 그러니까 매월 받는 건 110~120만 원. 그런 이야기를 계속 취업지원실에서 들었어요.

또 선후배들 중에서 상고도 공장을 많이 가거든요. 회계나 사무직이 아니라 공장 노동자로, 삼성반도체 하청 부품회사 같은 데를 가요. 상고에서 사무직으로 40% 간다고 치면 60%는 공장으로 나가요. 저희 학교에서 꾸준히 가는 제조회사가 있었는데 거기로 가면 진짜 무조건 아프기로 유명해요. 학교에서 취업 조건이 여자들은 무조건 안 되고, 남자들 중에서도 운동을 했거나 튼튼한 애들 위주로 보냈어요. 처음에는 좋은 회사인 줄 알고 저기 가면 진짜 좋겠다 이랬는데 나중에 보니까 거기 간 사람들은 만날 아파가지고 병원엘 다니고. 반도체 부품회사들이 부품을 다 세척하잖아요. 그 세척약이 되게 독한 화학약품이라고 해요. 저도 이런 걸 거의 졸업할 때쯤에 알았어요.

졸업하고도 또 주변에서 여러 얘기를 들었어요. 그러다가 특성화고권리연합이란 단체가 있다는 걸 알았고요. 어머니가 정당 활동을 하시는데 밖에서 듣고 저한테 소개해주셨어요. 이건 나라도 안 하면 안 되겠다 싶어서 관심을 갖고 가입했죠. 그런데 특성화고권리연합은 재학생 위주라서 나중에 졸업생들만 모아 조직을 따로 만든 거예요. 전국특성화고졸업생노동조합을요.

IBK

얼떨결에 전국특성화고졸업생노조 위원장이 됐어요

뉴스를 보면 어디 노조 파업 10년째, 막 이렇게 나오잖아요. 처음에는 노조 가입은 해야 되겠는데 내가 무슨 활동을 할 수 있을지 몰랐어요. 그리고 노동조합이 학생회처럼 형식적으로 있는 건 줄 알았어요. 그런데 막상 졸업하고 나니까 실감 나죠. 인턴이나 비정규직, 무기계약직 같은 경우는 노조 가입이 안 되거든요. 제가 인턴을 하고 있을 때 사내 노조 회식이 있어서 우르르 나가는데 딱 남은 사람들이 인턴, 무기계약직인 거죠.

특성화고졸업생노조에 가입서를 쓰면서도 그냥 참여하는 데 의의를 뒀어요. 간부직을 맡을 생각은 전혀 없었거든요. 설립 총회 때 임시위원장을 뽑는데 지원자가 없어서 추천을 받고 제가 임시로 됐다가 후임을 못 정해 그대로 정식 위원장이 됐어요. 아직도 그때를 생각하면 얼떨떨해요. 주변 모두가 놀랐죠.

3월에 공기업 인턴으로 취업해서 일을 두 달 하다가 위원장을 한 거잖아요. 애초에 제가 정직원이 아니니까 상관없을 것 같아서 말을 안 했다가, 5월 1일에 노조 출범하고 위원장으로 뉴스에 얼굴이 계속 나와서 인사부에서 안 거죠. 공공기관 근로자는 겸직을 하면 안 된다고, 겸직 허가가 나올 때까지 활동 정지하라고 해서 6월 한 달간 대외 활동을 잠시 끊었어요. 본사에 서류 보내고 뭐 하고 중간에 규약도 수정하고 그러느라 겸직 허가서가 한 달 다 돼서 나왔어요. 또 공문까지 쥐어주면서 무임금 비상근을 증명하라기에 우여곡절을 겪었지만 어쨌든 해결을 했죠. 어이가 없었어요. 왜냐하면 저는 인턴이라서 한 달 지나면 계약 만료 기간이 되거든요. 한 달 뒤에 퇴사하는데 뭐하러?

제가 하는 인턴이 4개월 기본 고용인데 필요하면 연장할 수 있어요. 3일 전에 "연장할래요?" 이래서 연장이 되고, 또 한 이틀 전에 연장 한 번 더 하지 않겠냐고 해서 연장하고, 두 번을 연장했는데 막판에 연장 한 번 더 하라기에 거절했어요. 그렇게 찔끔찔끔 연장하면 공채 준비도 안 되고 내 할 일도 못 해서 확 안 한다고 해버리고 그냥 여행 갔다 오고 노조 활동을 했어요.

노조 조합원은 거의 100명 정도예요. 저처럼 갓 졸업한 사람들 위주예요. 대부분 93~99년생이고요. 졸업한 지 오래되면 될수록 연락이 전혀 안 되니까 체계를 어떻게 잡아야 할지 막막해요. 아직 친구들에게 권유를 못 했는데 위원장을 하면서도 겁이 나요. 기본적으로 노조에 대한 사회적인 거부감이 있잖아요. 나 살기 바빠 죽겠는데 뭔 노조냐? 무슨 상관이지? 저도 몰랐으면 이렇게 생각할 것 같아요. 제가 졸업생 노조를 같이하자고 그러면 친구들 사이에서 이제 만나지 말자는 얘기를 들을까 봐, "쟤 만나면 노조 가입하라 그래" 이럴까 봐 내심 겁이 나더라고요. 활동한 지 얼마 안 돼서 그런 것 같아요.

제조업체 다니는 친구들은 거의 연락이 안 돼요

얼마 전에 친구들을 만났는데, 한 친구가 큰 공기업을 갔어요. 저희 딴에는 잘 간 거였죠. 전국에 딱 일곱 명. 각 도에서 한 명씩 뽑는 느낌으로 가는 자리예요. ○○은행인데, 상고 내에서는 꿈의 직장, 신의 직장 이렇게 불려요. 최근에 만났을 때 이직하고 싶다더라고요. 아까 말했던 110~120만 원 받는 데거든요. 거기가 고졸로 가면 직급이 달라요. 아예 직급 체계가 다른데 10년, 15년 일해야 승직을 한 번 하거든요. 그 사이면 같이 들어온 대졸 사원들은 대리 달고 과장 달 수도 있는데, 15년 일하면 부주임으로 승진하는 거예요. 그래서 거기 간 사람들은 중간에 대학 갔다 오는 경우가 많더라고요. 학위가 있으면 직위가 바뀌어요. ○○은행처럼 큰 데는 쉬쉬하죠. 급여를 되게 적게 받고 보람 없게 다니니까 그냥 이직하고 싶다고 이직 준비를 해요. ○○은행이 생각보다 고졸 이직률이 높거든요. 고졸 이직률 높은 게 뉴스에는 잘 안 나오죠. 대졸 이직률이 높으면 나올 텐데.

다른 은행에 가는 친구들도 사정이 비슷해요. 그리고 은행은 영업이잖아요. 기본적으로 오래 일해요. 아침 8시에 출근해서 7, 8시에 퇴근하면 '칼퇴'래요. 은행은 문을 일찍 닫고 그날 판매 실적 정산을 해요. 실적 달성을 못 하면 판매 권유 전화들이 등장해요. 싹 전화를 돌려서 실적을 채우고 그날 자금 정산을 하는데 만약에 안 맞으면 바로 사이렌 켜고 어디서부터 안 맞는지 다 찾아보고요. 낮에는 기본 은행 영업을 한 다음에, 끝나면 정리 정산까지 하는 거예요. 10시에 퇴근한 적도 있다고 해요. 그런데도 은행을 선호하는 이유는, 영업 실적이 있으면 영업가산 보너스가 나오잖아요. 그 인센티브 붙이면 얼마까지 받았다더라 하는 좋은 사례들을 끌고 와서 연봉 얘기를 하니까 다들 은행 가면 돈 많이 버는 줄 아는 거예요. 모든 직장이 다 그렇게 평가가 돼요.

제조업체 다니는 친구들은 거의 연락이 안 돼요. 특성화고 졸업생 근속률을 정확히는 모르는데 평균적으로 졸업하면 절반은 그만두거나 이직하는 것 같아요. 1년 이상 꾸준히 다니는 사람 얘기를 못 들었어요. 다들 취업하면 뿔뿔이 흩어지고 자기 살길 바쁘니까. 졸업생들 만나는 게 그래서 힘들어요.

특성화고에 대한 편견은 뿌리 깊어요

사실 현장실습 제도를 쭉 당겨서 과거로 돌아가면 박정희 때잖아요. 현장실습이라는 게 학생들을 빨리 취업시켜서 값싼 인력을 충당할 수 있는 방법이었다고 해요. 실업계고에서 특성화고로 이름은 바꿨는데, 갈 수 있는 직종만 많아지고 그 직종에 여전히 싸게 들어가는 거예요. 원래 특성화고를 만든 취지를 살리자면, 모든 애들이 다 공부만 하지는 않잖아요. 고등학교는 의무교육이 아니고요. 직업학교처럼 내가 하고 싶은 일을 전문적으로 배우고, 관련해서 취업도 하고 그 전공에 따라 대학도 갈 수 있어야 하고요. 그런데 예전 그대로예요. 아이가 무식해서, 공부 못해서, 집이 어려워서 실업계 갔던 게 안 바뀌고 쭉 이어지는 것 아닌가 싶어요. 우리나라가 경제성장은 빨리 했는데 문화의식은 같이 못 따라간 것 같아요.

물론 실제로 집안이 어려운 친구들이 있죠. 겉으로 티는 안 내고 다녀도. 빨리 돈 벌어야 되고. 고등학생 때도 평소에 알바를 하는 애들은 수업 시간에 대부분 자요. 그래서 저는 솔직히 학교 와서 자는 사람에 대한 인식이 바뀌었어요. 학교 끝나고 야간 알바를 뛰고 다시 학교로 오니까 피곤하잖아요. 또 지역으로 갈수록 알바 하던 곳에서 "나중에 졸업하면 직원 시켜줄게" 하는 곳이 많아요. 그러니까 일을 하면서 빨리 취업을 해야겠다 해서 그렇게 나가는 애들도 많았고요.

저희 학교는 80%가 알바를 했어요. 알바 하고 다쳐오기도 했어요. 이 지역이 주변에 음식점이 많았어요. 특히 칼국수랑 해장국이 유명해요. 애들이 음식점으로 알바를 주로 나가는데, 음식이 다 뜨겁고 무거워요. 칼국수 이만한 걸 들고 나르죠. 다리가 골절이 돼가지고 통기브스를 했는데 알바 대타가 안 구해진다고 나와달라고 해서 통기브스 한 채로 일을 나가기도 하고요. 최저임금은 거의 안 맞춰줘요. 지방으로 갈수록 그래요. 4대 보험 신고도 안 돼요. 최저임금 안 준다고 신고하는 경우가 거의 없죠. 지역사회가 좁잖아요. "만약에 내가 신고했다고 다른 데도 소문이 나서 다음에 알바도 못 하면 어쩌지?" 그래서 다들 신고도 안 해요. 그렇게 일하다가 직장에 취직을 해도 거의 비슷하게 일하는 것 같아요. 음식점만 아니지, 생활 파트는 주유소나 휴게소 이런 데로도 많이 가거든요. 경리 업무가 아니라 판매 업무로 가요. 실제로 회계나 사무를 전공했다고 해서 사무로 가는 사람은 많이 없어요. 취업처가 전공이랑 맞닿아 있는 사람은 거의 없고요.

막상 고졸 달고 어디 높은 자리까지 승진하거나 자기 전공 관련해서 무슨 일을 하기가 어려워요.

청년 노동자의 죽음을 보는 슬픔, 분노, 부담이 커요

노조 활동을 하면서 일상적으로는 생각이 많아졌다고 해야 되나? 평소에 제가 생각했던 것들을 다시 생각해보게 돼요. 인권교육이나 노동교육도 다니고요. 민주노총이나 비정규센터 같은 곳에서 하는 강사교육, 인권교육이 많더라고요. 주변에서 소개를 시켜주면 가요. 노무사 준비 과정 책도 샀어요. 노무사 필기시험 교재를 사면 정리가 잘돼 있거든요. 바쁘니까 오래 보지는 못하는데 짬짬이 보면서 공부도 좀 하고, 주변에 그런 교육 자료가 있으면 구해서 봐요. 아직 멀었지만 아는 게 많아졌다는 생각이 들어요. 어느 단체에서 부르면 위원장이라는 이름으로 발언하고 발제도 해야 하고요.

김용균 씨 사건이 일어났을 때는 전에 제주도 이민호 씨 사건 때랑 달랐죠. 1차로는 긴급사태다. 2차로는 또 왜 이렇게 됐나? 그런 생각을 했어요. 왜냐하면 저는 그래도 구의역 사건하고 남양주 이마트에서 무빙워크 수리하던 청년 사망 사건 때부터 사회가 조금씩 관심을 갖고 변해가는 줄 알았는데, 보니까 아무것도 안 변한 거예요. 김용균 씨 전에는 군인(공고를 졸업하고 중소기업에서 일하던 스물한 살 산업기능요원) 사망 사건도 있었거든요. 자괴감이 들었어요. 단체 대표로서 느끼는 부담도 있고, 사건에 대한 안타까움과 슬픔도 있고요.

그런 게 섞여서 김용균 추모제 가서 발언하다가 엉엉 울었어요. 김용균 씨 어머님한테 안겨서 울고 있는 사진이 찍혔더라고요. 지금 생각하면 왜 울었지 싶은데, 그때는 왠지 모르게 그런 기분이 들었나 봐요. 여러 가지 의미로 슬픈 기분…. 죽음만 슬픈 게 아니고 부담, 슬픔이 합쳐져서 엄청 많이 울었어요. 저도 취업 준비를 오래 했잖아요. 김용균 씨도 1년 동안 자격증을 따고 6개월 동안 구직을 하다가 안 돼서 하청 계약직으로 갔고, 저도 1년 하다가 도저히 안 돼가지고 계약직 인턴으로 갔잖아요. 그런 입장에 대해서 얘기를 하고 당사자로서 느끼는 마음은 어떤지 발언을 했어요. 비정규직이 어떻게 안 좋은 건지도 말하고요. 태안에서 열린 집회도 가고, 제가 있던 지역에서 열리는 추모제도 가고요. 엊그제 대국민 집회에서도 한 번 더 발언을 했어요. 특성화고 졸업생 고졸 노동자 신분으로, 당사자 입장으로 한번 나와줬으면 좋겠다고 해서 간 거예요.

내년에는 각 지역에 노조 지부를 세우려고요. 서울·경기만 조합원을 모을 수는 없고요. 지역마다 교육청이랑 노동청 성격이 너무 달라요. 사실 현장실습생 사고가 지방에서 거의 다 일어나잖아요. 이번에 태안화력 김용균 씨 사건이 일어난 데도 충남 태안이고, 제주도, 광주, 안성…. 그런데 지상파 공영뉴스가 다 서울 중심이잖아요. 그럴수록 지방으로 많이 나가야겠다는 생각이 들더라고요. 또 지방으로 갈수록 더 보수적이거든요.

저희 노조랑 서울시, 그리고 서울시 교육청이 '특성화고 근로환경 개선 대책 업무협약'을 체결했어요. 서울시가 2019년 3월부터 노조 사무실과 상근비를 지원해주기로 했고요. 이런 식으로 다른 지자체와도 업무협약을 맺으려고요. 당장 현장에서 우리를 보호해야죠. 특성화고 학생과 졸업생이 안전하게 일할 수 있도록, 지자체들이 특성화고 학생·졸업생을 위한 노동조건 보호 조례를 만들었으면 좋겠어요.

만나서 이야기를 나눌 동료가 되어주고 싶어요

제가 학교에서 가장 늦게까지 취업 못 하는 채로 남아 있게 됐을 때, 반년 동안 우울증이 되게 심했어요. 취업하라는 소리도 듣기 싫었어요. 1월에 방학 시작하자마자 집으로 바로 올라와버렸어요. 조금 쉬고 취업을 다시 알아보려고 그랬는데 그때도 학교에서 독촉 전화가 저한테 너무 많이 와서…. 취업했냐고, 어디 준비하고 있느냐고. 나중에는 어머니가 따로 전화해서 우리 딸 번호로 전화하지 마시라고, 전화할 거면 나 통해서 하라고 끊어버려서 전화가 안 오게 됐어요. 두 달이면 길게 요양한 거거든요. 아빠는 취업 준비를 해야 되지 않냐, 일자리 구해놓고 쉬어야 되지 않을까 그러고요.

사실 저는 학교를 다니면서도 그렇고, 졸업하기 직전까지 자존감이 낮았어요. 졸업 직후에 자존감이 바닥을 쳤어요. 제가 겉으로 남들이 보기에는 자존감이 되게 높은 사람처럼 보이는데, 혼자서는 자신감이 없어지는 시간이 길었거든요. 제 스스로 아니라고 생각했는데 고졸이라는 이름에 자격지심이 있었나 봐요. 막상 시도를 해보니까 안 되는 일이 너무 많고 그래서 자신감이 떨어졌어요. 자존감이 지금은 반쯤 올라왔는데 이게 회복하는 데 오래 걸릴 것 같기는 해요. 아무래도 한 번 쭉 떨어지면 올라오기가 쉽지가 않으니까. 그리고 지금은 자리가 자리다 보니까 책임감이 같이 있잖아요. 천천히 올라가는 중이에요.

노조 활동으로 만난 사람들과 이런저런 이야기를 하는 게 힘이 돼요. 같은 입장에서 서로 힘들구나 알아주고, 이해할 수 있는 사람들이 있잖아요. 아무리 친한 친구라도 전혀 이런 입장에 있어보지 않고 "그렇구나" 하는 거랑 "나도 그랬는데" 하면서 서로 이야기를 나눌 수 있는 거랑은 많이 달라요.

노조 활동을 잘했으면 좋겠어요. 노조 하라는 얘기를 할 때, "한번 만나서 얘기라도 들어보면 어때요?" 하는 느낌으로 노조가 다가갔으면 좋겠어요. 요즘은 저한테 노조가 그런 느낌도 같이 갖고 있어서요. 특성화고 졸업생끼리 서로의 얘기를 들어주고 그게 나중에 기반이 돼서 자기 자존감도 좀 세울 수 있으면 해요. 말했듯이 고졸이라고 하면 항상 사회에서 위축돼 있거든요. 고졸이라서 승진 체계에서 빠지거나 해도 어디에다 말할 데가 없었어요. 졸업하면 학생도 아니고 회사에다 말하자니 내 편은 없고 '일은 해야 되는데 어떻게 살지?' 할 때, 일단 그런 사람들이 도움을 요청할 수 있는 곳이 노조였으면 하고요. 고등학교를 졸업하고 전국으로 흩어지면 아는 사람 없이 혼자서 지내잖아요. 소속감을 느끼고 싶을 때에도 노조에 오면 좋겠다, 그렇게 사람들이 노조를 받아들였으면 좋겠다는 생각을 해요. 그렇게 힘을 불려서 법도 한번 바꿔볼 수 있으면 좋겠어요.

독일에서 경제경영학을 공부해보려고요

제가 4남매, 2남 2녀 중 첫째예요. 교육비도 많이 들고 하니까 내가 빨리 독립해야 되겠다, 이런 생각을 한 것 같아요. 그렇다고 집을 도와야 하는 상황은 아닌데, 돈을 받아 쓰면 실제 마음이 상하잖아요. 제 돈이 아니니까요. 대학 진학은 아예 생각을 안 해서 공부 자체를 안 했고 경제적으로 빨리 자립하고 싶은 마음이 컸어요. 제가 자립하면 아빠한테 손 벌리는 차원이 아니니까 마음의 부담 없이 혼자서 이것저것 간섭 없이 해보려고요. 나중에 워킹홀리데이를 가든지 학생비자를 따든지 해서 해외 대학교에서 공부를 해보려고 생각했어요. 그래서 아예 국내 대학은 생각을 안 했어요.

중학교 때부터 인생 계획을 세우는 버릇이 있었거든요. 물론 그거랑 다르게 살게 됐죠. 상고를 갈 생각은 없었는데 상고에 들어갔고요. 딱 스무 살이 되면서 서른 살까지 10년 정도 계획을 세웠어요. 몇 년 동안 일을 하고 퇴사해서 해외 대학교를 가겠다고요. 독일의 경제경영학 쪽을 배워볼까 싶었어요. 독일이 그런

게 잘돼 있더라고요. 공부하면서 여행도 다니려고 했어요. 노조 위원장을 하면서 인생의 방향이 많이 틀어졌죠. 그 삶에 대한 미련은 조금 있어요. 어차피 이렇게 된 것, 이왕 시작한 것이니 똑바로 해야지, 이런 생각으로 지금은 잊고 있어요. 영원히 위원장을 할 것도 아니니까요.

덧붙여

아파도 괜찮아요

— 이민호 군 1주기, 현장실습생 유가족 모임 좌담

참석자: 강석경(김동준 모), 김경희(노무사), 박정숙(이민호 모), 이상영(이민호 부)

날짜: 2018년 11월 16일

장소: 제주도 민주노총 사무실, 양지추모공원

고통은 줄어들고 기억은 희미해져.
하지만 사라지지는 않는다.
_ 아고타 크리스토프

박정숙(이하 박)　평소엔 아무것도 못 하니까 그냥 죽을 사다가 먹거나 식빵을 먹어요. 간을 못 보게 됐어. 무슨 맛인지 하나도 몰라.

이상영(이하 이)　밥 먹을 때 되면 만날 싸우는 게 이거야. 좀 더 먹어라. 못 먹는다.

박　내가 막 기분이 처져 있고 그러니까, 현이(큰아들)가 "엄마 으쌰으쌰 해야지. 엄마 성격하고 안 맞아" 그러면 내가 "알았어. 걱정하지 마" 대답은 하지만….

강석경(이하 강)　그래도 말할 자식이 어쨌든 하나 남아 있잖아. 나는 막 분에 못 이겨서 혼자 얘기했다니까요.

이　큰애가 있을 때는 그래도 애 밥을 먹이고, 삼시 세끼 먹여야 하니까 그것에만 신경 쓰더니, 군대 딱 보내고 나니까 신랑이야 먹든지 말든지(웃음). 농담이고, 많이 신경 쓰죠. 그런데 아들이 있을 때만큼은 아니에요. 하루에 세 끼를 굶어도 배고프다는 생각이 안 들어요. 하루 온종일 아무것도 안 먹어도. 뭐 이걸 먹어야 사는 건가? 서로가 그랬어요.

박　일주일 넘게 한 끼도 안 먹고 누워 있고 그랬어. 어지러운 줄도 몰라. 누워 있으니까. 마음이 아프니까 그런 건 하나도 안 느껴져.

강　아들 있을 때는 아들이 있으니까 그렇지만, 엄마도 쓰러지고 싶을 때가 있는 거지. 저는 좀 많이 회복됐는데, 밥을 먹고 있는 게 죄인이고, 아침에 창문으로 햇살이 들어오는 게 너무너무 미안한 거야. 저 햇살을 내가 보고 있는 게. 그래서 하루 종일 창문이랑 문을 닫아요. 그전에는 환한 게 좋아서 문을 열어놓고 살았는데. 바람이 와서 볼을 스치면 그 바람에 동준이가 온 것 같고. 막 빠져서 저도 한참을 그러고 있었어요.

박　나비가 날아다니면, 어, 저거 민호가 나한테 왔나 보다. 모든 걸 다 민호에 연결시켜서 혼자 망상에 빠지는 거지.

강　풀에도 있고, 하늘을 보면 생각나고. 제가 부모님도 돌아가시고 동생도 보내보고 했는데 또 자식이 갔을 때랑은 다르더라고요. 부모님이 먼저 가셨어도 생각은 나죠. 이맘때 되면 생각이 나고. 아버님이 호떡을 좋아하셨는데 겨울에 호떡만 보면 퇴근할 때 그걸 사들고 다녔던 기억이 나서 "아부지, 잘 있죠" 그러긴 하는데, 자식은 그게 안 되는 거예요.

박　달라, 완전 달라.

이　그게 맞는 말인 것 같아요. 부모 형제가 저 세상에 가면 땅에 묻는데, 자식이 죽으면 머리와 가슴에 그냥 딱 웅크리고 있어요.

우리의 아플 권리

강　동준이 1주기 때 저희도 행사를 하려고 했어요. 기사 내주신 기자분들도 계시고, 청소년단체에서 일하시는 분들도 돕겠다고 하셔서. 그런데 저희 애 아빠가 아무런 행사도 못 하게 했어요. 그때 당시 장례식장에서 대적하는 것도 못 하게 하던 형편이라, 가족이랑 동준이 친구들하고 동준이 있는 산에서 우리끼리 하고 말았죠. 그런 부분이 되게 힘들었는데. 지금 이렇게 아버님이랑 어머님이 같이 하는 것 보니까 부러우면서도 실은 더 힘드실 것도 같아. 중심을 잡고 그지 같은 세상, 개떡 같은 세상이라도 살아내는 게 승리하는 거예요. 내 새끼 잡아간 세상이고 사회구조가 이렇지만요. 여기서 무너져 우리가 죽는다고 한들, 당장 그게 매스컴에 뜨면 '안됐다', '고인의 명복을 빕니다', '좋은 데 가세요' 댓글 몇 개 달리고 넘어갈 거예요. 결론은 우리 동준이도 민호도 엄마 아빠가 이렇게 만날 울고 계신 것보다는 자기가 없더라도 가끔 기억해주고, 좀 아프더라도 씩씩하게 이 세상과 싸워서, 아니야, 따지고 보면 싸울 것도 아니야, 세상 속에서 살아내주길 바랄 거예요. 자기가 못 살고 간 것까지. 엄마, 내가 사랑하는 엄마, 얼른 일어나 밥 먹고, 평상시처럼 살라고 계속 얘기하고 있을 거예요.

박 민호는 그러고도 남아요.

강 그걸 알면서도 아프고 아파서 나 죽는 건 괜찮은데, 간 애가 얼마나 마음이 아플 거야. 난 영혼은 있다고 믿거든. 얼마나 아프겠어, 걔가.

이 민호가 열흘 동안 중환자실에서 두 번의 심정지 고비를 겪었을 때, 사고 당시 CCTV 화면에서는 이미 그 기계 밑에서 죽은 애였어요. 3, 4분이 넘어서 끄집어냈으니까 이미 뇌사 상태였는데, 열흘간 중환자실에서 견디고 있었다는 건 그 녀석이 가슴에 맺힌 게 분명히 있었다는 거예요. 그걸 밝히는 게, 살아 있는 사람의 몫이에요. 밝혀야만 애를 보낼 수가 있지, 그전에는 애를 못 보내죠.

강 두 분이 나랑 같은 아픔을 공유하고 있잖아요. 우리가 매스컴에서 몇 년도의 누구, 어디의 김군 이런 식으로 나오니까 주변에 이런 사고를 당한 사람이 많은 것 같은데요. 내 생활공간에서 저와 같은 일을 겪은 사람은 없어요. 그 당시에 참 멍청하게도 아이를 마이스터고 보냈다고 좋아하고 축하받았어요. CJ 갔다고 축하받았다니까요. 그랬던 내가 어느 날 이런 나락에 떨어져 있을 때, 아무리 주변 친구들이 위로를 해준다고 해도 위로가 안 되더라고요. 그 마음은 물론 고맙고 한편으로는 위로가 됐지만요. 이렇게 민호 군 엄마 아빠는 같은 아픔을 겪으니까 말하지 않아도 그 마음을 알 것 같고, 또 제 마음도 이분들이 알 것 같아요. 아직 두 분도 모임 자리 못 나가시죠?

박 못 나가지.

강 못 나가. 왜냐면 우리 나이 때 모든 인사가 너 잘 있었냐, 반갑냐, 얼굴 좋네, 애는 대학 갔어, 군대 갔다 왔어, 면회는 다녀왔나, 이래요. 그게 무서워서 모임을 2년 가까이 못 나가다가 어느 날 마음을 딱 다잡았어요. '그래, 내 아들은 갔어도 나는 동준이 엄마다. 가서 당당하게 하자.' 그래서 "네 아들은 잘 있냐? 군대는 갔냐?" 내가 먼저 밝게 인사하고, 친구가 어떻게 지내냐고 물어보면 "그리워하면서 지내지, 뭐" 그렇게 좀 담담하게 넘어가기까지 2년 넘는 세월이 걸렸어요. 안 보내본 사람은 건너건너 마음을 짐작하겠지만, 그 아픔을 모르잖아요. 그런데 아시잖아. 지금 어쩔 줄 몰라서 몸부림치고 계시죠? 저 생각나요. 밥 하면서, 설

거지하면서 막 소리 질렀어요. 대체 뭔데! 왜 그래야 하는데! 아무도 듣는 사람 없는데 벽에다가 거울에다 샤워기에다 대고 막 그랬어요. 사람들한테 못 하니까. 한 1년 넘게 계속 그랬어요. 그리고 딱 1주기 때 그런 각오를 했어요. '동준아, 엄마 불행하게 안 살 거야. 널 위해서라도 불행하게 안 살 거야. 어렵겠지만 노력할 거야.' 다짐하고 정말 많이 노력했어요.

박 시간이 지나면 좀 덜 아파요?

강 아니, 아픈 건 똑같은데… 무뎌져요. 전 지금 부러운 게, 두 분이서 같이 민호 얘기 하세요, 가끔? 우리 애 아빠는 얘기 자체를 못 하게 해요.

박 나는 막 하고 싶은데, 슬픔을 같이 나누고 싶은데, 현이 아빠는 좀 안 하려고 해요. 둘이 소주라도 놓고 마시면서 민호 얘기 하면서 울고 싶고, 그런 걸 해야 나는 속이 가라앉는데 현이 아빠는 그런 걸 싫어라 하니까. 속으로 막 눌리다 보니까 병도 더 심해지는 거지.

강 하면 무너지니까 더 못 하는 것 같아. 나도 한번 애 아빠랑 엄청 싸웠어요. "왜 못 하게 해. 당신하고 나하고 둘이 애 얘기 안 하면 누가 우리 애 얘기해줘." 내가 막 그랬더니 "나 못 있어. 너랑 아무렇지 않게 동준이 얘기 하면서 난 여기 못 있어" 이러는 거야. 그래서 내가 이 사람도 나만큼 아프구나, 정말 아프구나, 그래서 같이 밥 먹을 때 가능하면 그런 얘기는 안 하려고 해요. 카톡방에 한 번씩 "오늘 애 생일이었고, 이때는 가족이 여행 갔었어. 기억나?" 하면서 옛날 사진을 보내주면 "ㅇㅇ" 이러고 답이 와.

말도 안 해(웃음). 왜냐면 뭔가 표현을 하면 둑이 터질 것 같다고 해야 하나, 무너질 것 같다는 거야. 지금 민호 아버님이 세상에다 대고 외치는 이유도 내가 살아 있고 싶어서 그러는 거예요. 그 일을 하셔야 하고. 만약에 아무것도 안 하고 집에서 엄마랑 같이 민호 얘기 하고 있으면 더 못 견디실 거야, 아마. 그 심정이 이해가 가요.

이 얘기를 못 하게 하는 건요. 전 애를 보내면서 애하고 마지막으로 약속한 걸 지킬 때까지는 울지 않으려고 해요(눈물). 그게 완전 해결되기 전까지는 솔직히 크게 울고 싶지도 않고. 모든 게 다 해결이 되고 난 다음에, 애 가슴에 손을 얹고 약속한 것…. 아빠한테 모든 걸 맡기고 좋은 데로 가라. 내가 그걸 다 해소시키고 밝히고 난 다음에 네 얼굴 보러 가마…. 그 약속 지키기 전까지는 울고 싶은 생각이 없어요(눈물).

강 우셔도 돼요. 그 약속은 지킬 수 있을 거고요.

아이 없는 생활, 하지 못하게 된 것들

박 민호가 세상 뜬 지 1년 되니까 신체검사 하라고 우편물이 왔어요. 사망신고 하고 난 다음에.

강 세월호 유가족들도 그래서 난리 났었잖아요. 우리도 그랬어. 나오든지 말든지 내비뒀더니, 벌금을 내니 고소를 하니 우편물이 또 날아왔어요. 저는 사망신고를 거의 2년 다 돼서 했어요.

그걸 하러 못 가겠는 거야. 다른 데 가서 싸우는 건 하겠는데 내 손으로 사망신고를 하고, 그 신고서를 들고 병무청에 가야 돼요.

이 　난 병무청 담당자 바꿔달라고 해서 당신들은 신문도 안 보냐고 했어요. 작년 11월에 고교 현장실습생 사망 사고 모르냐니까 봤대. 그 애가 이 애라고 했죠.

강 　난 또 사망신고 하러 가서 힘들었어요. 2년이 넘었으니까 벌금 나온다 해서 그냥 알았다고 하는데, 서류를 나보고 다 쓰래. 나보고. 사인이 뭔지까지….

박 　난 못 쓰겠다고 좀 써달라고 했어.

이 　사망진단서만 가져가면 좀 끝내주면 좋겠는데 그걸 자식 잃고 아픈 사람한테 하나하나 다 쓰라고 하니까.

강 　벌금이 문제가 아니라, 울고 있으니까, 한 시간도 넘게 걸렸어요. 앉아서 울다가 서서 울다가 서류 한 장 쓰는데, 마지막까지 내 손으로 하겠다고, 내가 쓰는데…. 나중에 벌금은 안 받더라고. "저희가 처리할게요" 그래. 내가 그때 어이가 없어서 "대단히 고맙습니다" 그랬다니까(웃음). 그 사람들이 뭔 죄야. 규정대로 하는 거죠.

이 　민호 사고 이후에 현재까지 단돈 10원도 벌어본 날이 없어요. 그동안 큰애가 군에 가기 전에 벌어서 준 돈, 민호가 몇 개월 벌어 모아놨던 돈, 애 엄마랑 저랑 사고 나기 전까지 벌었던 돈, 회사에서 받은 퇴직금하고 위로금, 그걸로 지금까지 버티고 있는 거죠. 실상 저는 일을 하고 싶어도 할 수가 없는 게, 직업이 화물차 기사인데 20분 이상 핸들을 잡고 있으면 갑자기 심장이 터질 것 같고 호흡이 제대로 안 돼요.

강　완전 공감했어요. 저는 아이 사고 이후로 운전을 아예 안 해요. 우리 다 이 고비 속에 사는구나. 한번은 정말 심하게 가까스로 차를 세웠는데 '나 이렇게 가고 싶어' 이 생각이 머릿속에서 계속 들리는 거야. 커브 안 틀고 직진하면 물로 떨어지는데 저리로 가고 싶어. 그때 내 머릿속에 환청이 들리는 거지. '엄마, 안 돼! 엄마, 안 돼!' 차 세워놓고 앉아서 한 두 시간 울었어요. 그러고 나서 대리기사 불러서 차 끌고 왔어요. 그날 이후로 저도 애 아빠도 운전 안 하고 뚜벅이로 다녀요. 애 아빠는 오토바이 타는 걸 좋아하는데 내가 못 타게 했어. 나랑 똑같은 심정일 것 아니야. 타고 가다가 그냥 '확' 해버리고 싶을 것 같더라고. 내가 키 뺏고 한 2년 안 줬죠. 저는 지금도 운전 못 하고 하다못해 자전거를 타고 나가도 충동이 막 생겨요. 지금 얼마나 심하시겠어, 민호 아버지는. 두 분 상담 받고 계시죠? 같이 들어가세요?

박　따로 들어가요.

이　그냥 저는 맺혀 있는 것, 푸념 늘어놓는 거죠.

박　나는 속에 있는 걸, 민호 가기까지 병원에서 열흘 동안 있었던 걸 잊지를 못하고 그게 머릿속에 꽉 차 있으니까. 민호가 '엄마' 이런 말 한마디도 못 하고 간 게 계속 귀에 윙윙거리니까 약물로 치료해요. 병원에 입원해 있으면서도 발작이 나면 머리랑 가슴이 아프고 온몸이 다 떨리니까 그냥 죽고 싶더라고요. 꿈에서도 보여요. 어떤 사람이 나한테 물어봐요. "삶을 포기할래?" 그럼 내가 대답하는 거야. "네." 그리고 내가 따라가. 그런 꿈을 상담

할 때 얘기해요. 일주일에 한 번 갈 때마다 약이 또 달라지고. 얼마 전에 퇴원해서 일주일간 집에서 생활하는데, 병원에서는 그래도 잠을 좀 잤는데 집에 오니까 또 못 자요. 현이 아빠한테 수도꼭지 잠궈, 누워 있는 상태에서 그래요. 잠겼는데도 물소리가 들려. 잠이 안 오니까 일어나서 계속 걸어다녀요. 거실 불빛이 어떻게 보면 막 또 민호 같고 민호로 보이고. 내가 손으로 가서 만져보는 거지. 자보려고 누워 있으면, 민호가 중환자실에서 심폐소생술 하고 피 넘기고 이런 장면이 머릿속에 꽉 차 있어서 더 미치는 거거든. 열흘간 병원에서 봤던 것에서 벗어나질 못해. 한 발짝 한 발짝 뗄 때마다 생각이 나니까.

강　이사 안 했어요?

이　했어요.

강　저도 이사 먼저 했어요. 방법이 없더라고. 그런데 20년을 키운 자식이 갔는데 저만큼도 안 아프면 안 돼지. 민호 엄마, 아파도 돼. 우리 아플 권리 있어. 당연해요. 안 미치고 여기 앉아 있는 것도 대단한 거야. 그렇지만 민호 좋은 모습을 자꾸 생각해주셔야 해요. 저, 애 마지막을 못 봤어요. 저한테 죽어도 안 보여주더라고. 가족들이 다 말려. 그런데 안 보여줘도 알잖아요. 뛰어내렸을 때 상상만 해도 그 상황을 아는 거지. 언젠가 내가 한번 술 먹고 애 아빠한테 그랬어. "골이 터졌어?" 애 아빠는 봤어요. "말하지 마." 딱 자르는 거야. 내가 그걸 봤어야 하는데. 나중에 입관할 때는 짜 맞춰서 좋은 모습만 데려다놓잖아. 그런데 1년 넘게 계속 그 환상에 시달리는 거야. 떨어져서 얼마나 아팠을까, 몇 분

만에 죽었을까…. 그 생각 속에서 헤어나지를 못하고 너무너무 힘들었는데 차 끌고 가다가 목소리 듣고서는 이러지 말아야겠다 싶더라고. 그 아픈 모습을 내가 기억하는 걸 동준이가 싫어하는구나. 그래서 애 어렸을 때 사진을 꺼내서 휴대폰으로 다 찍어서 저장했어요. 그 기억을 안 하려고. 전화 올 때도 놀러 가서 찍은 사진 같은 걸로 바꿨어요. 그 상상을 지우려고. 또 하나, 그 일 있고 1년 반 있다가 비슷한 사건으로 동준이 또래 아이가 투신해서 죽었어요. 현장실습생 사건은 아니었는데 그 엄마랑 얘기하다 보니까 나름 그것도 도움이 되더라고. 같이 가서 울어주다 보니까 좀 무뎌지는 거야. 그전에는 아무한테도 얘기 못 했어요. 마이스터고 다니는 아이의 엄마조차도, 내 상황을 보면서도 모르는 사람이 많아요. 자기와는 완전 별개로 생각하죠. 말하지 않아도 속으로 응원하고 지지하는 사람이 있으니까, 힘드시겠지만 힘내세요. 민호 사건은 그래도 사람들이 알아주고 제가 볼 때는 '아, 부럽다' 했다니까요.

슬픔을 이해받지 못하는 슬픔

이 그전에도 현장실습생 사고가 났을 때마다 가슴이 아팠죠. 제가 화물차 운전을 하면서 세월호를 자주 탔거든요. 세월호 사고를 보면서도 저 애들을 다 살릴 수 있었는데 왜 저렇게 다 보내야 하나 그 생각은 했는데 그 부모들의 아픔은 저는 몰랐죠. 그런데 저희 애가 사고당하고 떠나는 과정에서, 아, 저 부모들이 이런 아픔이 있었겠구나, 아이들이 그 물속에 들어가면서 엄마 아빠한테 문자 보내고 할 때 그 부모 심정이 어땠을까, 우리 애가 사고당하는 CCTV 동영상을 보며 기계 밑에 깔렸을 때 애가 저 순간 엄마 아빠를 얼마나 찾았을까, 이 생각이 드니까 진짜 심장이 터져버릴 것 같더라고. 그런데 위로한다고 제 앞에 와서 "저도 애를 키우는 부모예요. 다 이해해요"라고 말하지만 모른다고요. 당신 자식은 뛰어놀고 학교에 있지만 우리 자식은 땅속에 들어가 있다고. 그걸 당신이 이해한다고? 절대 이해 못 해요. 이해한다고 말했던 사람들이 돌아서서 뒷말을 한다고.

강 엄청 뒷말하죠. 애 그렇게 보낸 게 훈장이냐고. 왜 와서 성질 부리고 분위기 깨냐고. 그럴 거면 모임을 오지를 말든가.

이 20일 동안 장례식을 뒤로 미뤘을 때 진짜 온갖 비난을 다 받았어요. 자식새끼 냉장고에 집어넣고 돈 벌려고 하냐고.

강 시체장사 한다고 해요.

이 근로복지공단에서는 애 입관도 안 했는데 와서 한다는 소리가 "유족급여로 9100만 원 나옵니다"야. 죽여버리고 싶더라고. 물어보지도 않았는데 쫓아와서 그 얘기를 하고 앉아 있어. 비상식적인 거지. 사무적인 태도도 아니고. 보통은 그렇게 오지 않는데 이슈가 되니까 뭐라도 해야겠다 해서 고작 한 게 그거예요. 시일이 지나고 사측에서 나오는 소리가 제 귀에 들어왔는데 "너 그러고 개겨봐. 회사 금방 쓰러져. 사장이 주식 팔고 떠난대. 그럼 너 보상 하나도 못 받아." 빨리 합의 보고 장례하고 보상금이나 챙기란 소리지.

강　비슷한 경우인데, 장례식장 직원들이 그래. 한 달 전에 CJ에서 사고가 있었는데 본인 과실이었고 회사에서 5000만 원 주고 갔대요. 그러면서 장례비라도 받으려면 지금 합의하라는 말이 들어왔어. 동생이나 친구들도 와서 그래요. 너 말리라고 한다고. 그래서 내가 누가 그러냐고 뚜껑 확 열려서 어떤 새끼냐고 미쳐서 막 다 물어보고 다녔어. 그 말을 했다는 아저씨가 그래. 회사 쪽에서 그런 얘기 흘리라고 시켰다고.

이　최악까지 갔으면, 제가 독하게 마음먹었으면 지금까지도 장례 안 하고 버틸 수도 있었어요. 하도 그러니까.

강　저도 한때는 그 각오였어요.

이　예전에 나하고 그렇게 친하게 지냈던 놈들까지도 그런 식으로 말을 던졌어요. 제주가 두 발 건너면 다 친척이고 지인이에요. 공장 안에 일하는 직원들도 한 다리 건너면 다 아는 사람들이야. 그러니까 건너건너 계속 말이 들어와요. 진짜 세상 살기 싫더라고. 그래, 그럼 일단 장례식을 치르자 싶었죠.

박　민호가 추운 거 너무 싫어하니까 일단 따뜻하게라도 해주자, 장례 치르고 나서 싸움을 하자, 끝까지 하자고 그랬어요. 며칠 있으면 또 생일이었으니까.

이　대표라는 사람은 만날 때마다 똑같은 말을 해요. "지금 저희들이 힘듭니다." 회사도 어렵고 공장 직원도 다 힘들대요. 하도 어이가 없어서 "뭐가 힘든데요?" 하니까 더 이상 회사를 걸고 넘어지지 마라, 이슈화하지 말래요. 19일날 애가 눈감고 나서 그날

부터 대표가 그런 행동을 해요. 금방 장례식장에 도착했을 때 와 있는 걸 봤단 말예요. 그런데 제가 경찰서에서 진술서 쓰고 와서 대표를 찾았는데 없는 거야. "어디 갔어?" 하니까 쓰러져서 병원에 실려갔대.

박 아니, 쓰러질 사람이 누군데… .

이 그래서 대표한테 내일 아침까지 오라고 했더니 안 와. 왜 안 오냐고 했더니 쓰러진 놈이 서울 갔다는 거야. 거짓말도 참…. 단 한 번도 민호 영정사진 앞에 와서 절 안 했어요. 회사 직원들은 한 번씩 왔다 갔죠. 장례식장에 와도 어슬렁거리기만 해요. 근처 커피숍으로 불러서 합의하자고 하고. 저희 처제가 와서 하는 소리가, 사측에서 8000만원인가 줄 테니까 합의서 도장 찍으라고 했대요.

박 나는 8000만원에 얹어서 더 줄 테니까 우리 아들 살려내라고 했어요. 우리가 더 얹어준다고. 회사 직원이 장례식장은 들어오지도 않고 그 근처에서 그러고 있더라고.

이 내가 8000만 원 줄 테니까 당신 새끼 그 기계 밑에 눕히라고 했어요.

강 회사 입장에서는 지금 상대할 필요가 없는 거지. 감정적으로 힘든 부모 앞에 나타나면 욕받이가 되는 건데 그럴 이유가 없다, 멱살 잡혀줄 이유도 없다고 생각한 거지. 놔두면 그러다 말 건데.

이 지쳐서 쓰러질 줄 알았겠지.

강 똑같아요. 동준이 때도 거기는 직원이 천 명이 넘었는데 전

직원한테 함구령 내리고, 장례식장도 가지 말고 절대 직원끼리도 얘기하지 마라고 했대요.

박 실습 같이 나왔던 애들도 민호가 중환자실에 입원해 있으니까 와보고 싶은데, 학교에서 못 가게 했어요. 걔네도 충격받았고 심리상담 받는다고 접근 못 하게 했다고. 애들이 나중에 장례식장에 밥 먹으러 와서 막 울면서 저희도 병원에 가고 싶었는데 못 갔다고 밥을 못 먹고 우는 거야. 그래서 내가 밥 먹으라고….

강 저희 아이는 자살로 가서 학교에서는 아이들을 보냈어요. 애들 다 실습 나가 있으니까 시간 되는 학생은 동준이네 문상 가라, 담임이랑 취업부장은 빨리 처리하게 빨리 갔다 와라, 그랬던 것 같아요.

이 학생들이 중환자실에 갔다가 우리를 만나면 이 얘기 저 얘기 하면서 그 안에서 얼마나 열악했는지 말이 나오니까 학교에서 못 가게 막은 것 같아요.

일하는 부모에게 자란 아이들의 근면함

이 이런 사고가 나면 어떻게 해서든 책임을 물어야 하고, 누군가는 이 사고에 대해서 처벌을 받아야 하는데 대한민국은 아무도 책임지는 사람이 없어요.

강 우리는 개돼지잖아…. 그 말이 안 잊혀지더라고요.

이 돈 없고 빽 없는 사람은 애 낳으면 안 돼요.

강 제가 동준이 하나만 뒀던 이유가 그거였어요. 둘 다 직장이 철밥통이 아니니까. 둘이 열심히 벌어야 한 사람 연봉이 될까 말까 하는 형편이라서요. 원래는 둘째가 생겼다가 뱃속에서 6개월 때 잘못됐어요. 사는 게 그렇더라고. 그래서 우리, 하나나 잘 키우자고 했어요. 돈도 없는데 우리 형편에 아이 하나라도 사람답게 키울 수 있을까 싶었어요. 돈 없으면 안 되는 세상인데.

이 저희도 현이 낳고 연년생으로 민호 낳았어요. 민호가 뱃속에서 6개월 됐을 때 장사를 시작했어요. 제가 택시 영업을 하다가 돈이 안 돼서 때려치고 무턱대고 치킨집을 열었어요. 우연찮게 오일장 신문을 보니까 그게 나와 있는 거야. 제가 택시회사를 7년 다녔는데 퇴직금이 300만 원이야(웃음). 그것도 한 번에 주지도 않아요. 한 달에 백만 원씩 3개월에 나눠서 줘. 어떻게 해서든지 먹고살아야 하니까. 그러면서 고생 진짜 많이 했어요. 민호 있을 때부터 아내 혼자 닭 튀기고 나는 배달하고. 병원에서 애 낳고 하루 만에 나와가지고 병원에 계속 왔다 갔다 한 거야. 바로 가게 옆이 병원이라. 현이는 돌 지나자마자 할머니한테 보냈어. 그래서 민호를 도저히 가게 안에서 키울 수 없으니까 다른 사람 손에 석 달을 키웠죠. 좀 빡세게 움직여서 방 두 개 딸린 가게를 얻어 이사하고 그때 애를 데리고 와서 키우기 시작했어요.

진짜 지금 이렇게 아파하는 게 그때 내가 애를 너무 고생시켜서 그래요. 그나마 치킨집을 하면서는 뭐 아쉬운 게 없었죠. 매일 현찰이 계속 도니까 바빠도 재밌었죠. 어린이날, 학교 운동회, 공휴일에는 너무 바빠서 집에서 밥을 못 먹어요. 그런데 민호가 그렇게 착했어요. 울지를 않아. 네 시간에 한 번씩 우유 줘야 하잖아요. 배달 갔다 와서 엄마가 닭 튀기는 동안 들어가서 우유 먹였어요. 가서 보면 깨서 혼자 놀고 있어. "민호야, 우유 먹자" 하면 우유 먹는 자리로 기어가서 누워요. 우유를 주면 그 고사리손으로 잡고 먹어, 살겠다고. 두어 달 또 지나니까 방에서 뭐가 탕 소리 나면 다 먹고 우유병 던지는 거야(웃음). 잘 먹었어요. 울지도 않고. 저녁이 되면 침대 밑에 있는 우유병 회수하고 다 살균하고. 그때 진짜 미안했죠. 애한테 잘해주지도 못했고 신경 쓰지도 못하고. 그래도 네 살 때까지만 해도 애들 데리고 2, 3일 여행도 다니고 사진도 많이 찍었어요. 애들이 연년생이니까 많이 싸웠어요. 둘이 중고등학교 6년을 다 같은 학교를 다녔어요. 함덕초등학교를 다니면서 둘 다 농구선수를 했죠. 중고등학교 졸업할 무렵에 치킨집을 접고 집이 어려워졌죠.

박　내가 그랬지. 애들 어릴 때 좀 더 확실하게 벌어놓자. 가게 접고 나는 이제 애기만 키울 테니까 사업하라고 있는 돈 해서 줬더니 쫄딱 다 해먹어버렸지. 식자재 유통사업을 했는데 육지에서 만두 파동이 나서.

이　그러고 나서 몇 년 후에 큰애가 중3 때 어느 날 갑자기 특성화고를 간다고. 민호도 담임선생님이 자기 형을 담당했던 분이어서 민호한테도 "형이 이렇게 특성화고를 갔는데" 했더니 "얘기 안 해도 저도 갈 거예요" 그랬대요.

박　민호가 딸 역할을 했어요. 시장 봐도 자기가 다 들고. 엄마는 허리 아프다고 무거운 건 못 들게 했어요. 조근조근 와서 다 얘기하고. 현장실습도 힘들지 않았냐고 물어보면 "안 힘든 일이 어딨어요" 그런다고.

강 엄마 아빠가 일하는 걸 보고 컸잖아.

박 장사하는 집 애들 보면 눈치가 빠르잖아요. 어떻게 보면 좋은 말인데, 부모 입장에서는 마음이 아프죠. 치킨집 할 때 안에서 닭을 튀기다 보면 홀에서 맥주 500cc가 몇 개 나가는지 몰라. 그럼 민호가 다 장부에 적어서 받아내고. 야무졌어.

강 보통 애가 아니니까 실습생이 아픈데도 들어가서 일하지.

이 현장실습 나가는 건 좋다 이거예요. 그런데 관리감독을 철저히 하고 애들한테 노동자의 권리를 정확하게 교육을 시켜서 내보내야 한다는 거예요. 실습생이 해야 할 일과 아닌 일에 대해서 과감하게 아이들이 선을 그을 수 있게 가르쳐야 돼요. 최소한 한 달은 노동교육을 시키고 난 다음에 내보내면 좋겠어요.

강 저는 그게 가장 아프더라고요. 뭐냐면, 아이들이 실습 나가는 그 현장에 '어른'이 있었다는 거죠. 제대로 배웠든 못 배웠든 그 일을 계속해온 어른이 있었는데, 열여덟 살, 열아홉 살 먹은 아이들이 그 현장에 가서 노동인권을, 자기 권리를 애들이 주장할 수 없다고 하더라도, 그 애들을 돌봐줘야 하는 어른들이 많았다고요. 그런데 안 그랬다는 거지. 그게 지금도 아프고 너무 힘들어요. 공장장이라고 인사를 왔는데 제 또래예요. 그러면 자식 같은 아이들을…. 그 안에서 구타가 일어나는 걸, 그 아이들이 일을 잘 못하고 눈치가 있네 없네 이런 걸 모르겠냐고요. 우리가 보면 알잖아. 난 그게 제일 속상해. 아무도 애가 힘든 상황에 개입해주지 않았다는 것.

이 수수방관하는 거예요.

강 나부터도 그러지 않았냐. 정말 많이 후회했어요. 지나가면서도 애들이 있으면 그냥 지나가면 안 되는구나. 간섭해주는 어른이 있어야 한다는 거예요. 민호도 마찬가지잖아요. 어른들하고 일하면서 위험한 건 민호한테 시키고.

이 그 기계는 원래 안 들어가야 했어요. 왜 들어갔는지 모르겠어요. 민호가 헛것을 봤나 봐요.

강 민호가 그 기계에 처음 들어간 게 아니잖아요?

이 처음 들어가는 애들은 겁나서 머뭇대면서 들어가요. 이미 여러 번 들락날락했고 그렇게 배운 거고, 그 선임도 출입했다고. 잔고장이 많았던 걸 보고했는데도 어쨌든 회사에서는 생산량만 맞추면 나머지는 죽든지 말든지….

김경희 노무사 고용노동부에서 안전점검을 해도 사장이 수량을 정해놓기 때문에 그걸 지키려면 잔고장은 무시하고 작업을 할 수밖에 없다고 해요. 진짜 사장을 구속시켜야 해요. 내가 감방 안 가려면 안전조치를 해야 한다는 걸 알도록요. 그런데 다 안 되고 있죠.

강 그렇게 하면 나라 경제가 망가지나요?

김경희 노무사 경제가 망가질 정도로 해야 안전해지죠. 영국은 산재 사고가 나면 '살인기업법'을 적용해서 그 기업이 망할 정도로 해요.

박 내가 원하는 게 그거예요.

강 동준이 때도 제가 노동청에 가서 그랬어요. 왜 이렇게 관리 감독을 하나도 안 하시냐고. 당장 하는 말이 손이 없대요. 일손이 부족해서 그런 것까지 신경을 쓸 수 없대. 그래서 내가 그랬어. "손이 없어요? 그럼 내가 무료로 해드릴게요. 권한을 주세요. 손이 없으면 부모들이라도 모아서 할게요." 청주노동청에서 그러다가 경찰에 끌려서 나갔어요. 소란 피워서(웃음).

이 산재라는 게 보니까 회사가 빠져나갈 구멍을 만들어주려는 것 같아. 산재보상법이 있으니까 사과문 발표하고 위로금 주고 해결됐다는 거지.

강 한국은 돈이면 다 돼, 이런 정서가 있어요. 산재 신청해놓고 많이 힘들어서 뭘 했냐면요. 동준이 다니는 회사에 외부 용역 하청업체가 있었어요. 거기 가서 일을 해야겠다, 들어가서 직접 보고 비리를 밝혀야겠다 그래서 내가 서류를 두 번 넣었는데 안 뽑더라고. 나이가 많아서 그런가(웃음). 하도 못 들어가게 하니까 들어가보고 싶었어요.

양지추모공원에서, "아파도 괜찮아"

이 여기가 햇볕 잘 들어와.

박 추위 잘 타니까 해 잘 들어오는 대로 해주라고 했지. 편하게 있어, 민호야. 네가 하고 싶었던 것, 못했던 것, 하늘에서 다 해. 다 할 수 있어. 엄마 아빠 형아 걱정하지 말고. 거기서도 네가 필요해서 먼저 데리고 갔나 보다. 욕하고 나쁜 짓 한 사람들은 오래 산다잖아.

이　거기서는 남들한테 무조건 양보만 하지 마라…. 크리스마스 다가오니까, 액자를 산타 할아버지랑 눈 나무 있는 걸로 했죠.

박　여기서 사면 액자가 다 똑같단 말야. 좀 특이하게 해주고 싶어서 따로 내가 사가지고 와서 바꿨어요. 애들이 학교 다닐 때도 옷 입히고 이런 걸 좀 튀게 해줬거든.

이　민호는 엄마가 사주면 그거에 대해 불평불만이 없어. 신발도 신어, 하면 신고. 큰놈은 이거니 저거니 자기 마음에 안 들면 안 하고 그랬는데, 얘는…. 가장 미안했던 게 그거예요. 얘한테는 메이커 운동화를 딱 두 번밖에 못 사줬어.

박　뭘 해달라고를 안 해.

이　형한테 뭘 사주러 갔는데 그 사이즈가 형한테는 안 맞고 자기한테만 맞는 거야. 그러니까 따라오길 잘했다고 좋다고(웃음).

박　뭐든지 첫째를 해주게 되고 둘째는 뒷전이 되니까. 그것도 불만이라고 얘기했어. 알았다고, 민호 걸 먼저 사주고 그랬던 게 1년도 안 됐는데. 외식할 때도 형은 고기 먹자, 얘는 회 먹자, 그럼 고기 먹고 그랬다가 민호가 회 좋아하니까 회 먹자 한 게…. 엄마가 만날 침대 머리맡에 네 사진 놓고 잠자는 거, 너 아니? 내가 거기다가 대고 "나 나갔다 올게" 하고 간다. "시장 보러 갈 건데" 하는데 짐꾼이 없어가지고…. 19일에 올 때는 민호야, 햄버거 사 올게. 그거라도 많이 먹으라고 할걸. 엄마가 못 먹게 했어. 몸에 안 좋다고. 민호 친구들이 지들 먹을 것 사가지고 집에 와서 먹고 자고 먹고 자고 하면서 게임 하고 그랬는데.

이　직장생활 하면서는 게임을 안 해. 토요일 낮까지 잠을 자요.

박　내가 "이민(호)! 밥 먹고 자야지. 말 안 들으면 이민 보낸다" 하고 엉덩이 때려가면서 깨워 식탁 앉혀서 밥 먹여. 애는 밥 먹으면서도 핸드폰 하고 있지. "졸리다며 빨리 자." 이렇게 했던 게 귀에 윙윙거리고 다 떠오르고 하니까. 사고 났을 때 얼마나 아팠을까…. 눈만 감으면….

이　그 순간 나를 얼마나 찾았을까. 아빠라는 사람이 자기 자식을 지켜주지도 못하고…(눈물).

박　무거운 쇳덩어리에 가슴이 다 눌려서 시퍼렇게…. 목 뒤도 그렇고…. 진정제 가지고 다니면서 하나씩 먹어야 해. 이상하다 느끼면 하나씩 먹어야 돼. 뛰기 시작하면 쓰러진다는 거야. 창피하다고 생각하지 말고 길바닥에 그냥 가만히 누우래.

강　그러니까 나는 그냥 바닥에서 땅을 치고 울었다니까. 지나가던 사람들이 물어봐주는 거야. 괜찮으시냐고.

이　하마터면 애 엄마를 내가 보낼 뻔했어. 보내놓고 난 어떻게 살아요. 난 못 살아.

강　지금은 진짜 그래, 마음은. 이번 일, 민호 아버지가 하실 수 있는 만큼 하고, 너무 힘든 생각은 가능하면 하지 말고 서로 좋았던 기억을 많이 하셔야 해요.

이　없는 사람은 나쁜 짓을 잘 못 해요. 음주운전만 해도 그래요. 자칫하면 밥숟가락 놓거든. 그런데 있는 놈들이 그러는 건 '괜찮아. 벌금 물고 말지' 그래서야. 난 이런 세상이 싫은 거야.

강 내 새끼 잡아간 세상이지만, 결국은 엄마 아빠가 씩씩하게 세상 속에서 살아내주길 애도 바랄 거예요. 아플 권리가 있어요. 20년 키우던 자식인데 이것도 안 아프면 민호가 서운하지. "나 민호 엄마니까 이 정도는 아파도 돼." 이렇게 생각하세요. 저는 저한테 말해요. "아파도 괜찮아."

추천의 말

막 봉오리가 맺힌 삶들이 스러져가는데 우리는 보면서도 보지 못한다. 絶! 길이 끊기면 절벽이 되고 희망이 끊기면 절망이 된다. 목숨이 끊어지고 가족들의 애가 끊어진다. 우리는 자본의 칼에 의해 끊겨 있다. 은유는 '겸손한 목격자'의 태도로, 어린 노동자들이 노동시장에 입문해 어떻게 죽어가는지를, 그리고 그들의 죽음이 궁극적으로 모든 노동자들의 노동조건과 어떻게 맞물려 있는지를 찬찬히 기록한다. 『알지 못하는 아이의 죽음』은 우리의 깊은 죄의식을 심문하는 동시에, 절벽 앞에 선 아이들에게 가느다란 길을 내고 희미한 빛을 비춰주는 책이다. 일하는 아이들과 함께, 아니 그보다 먼저 그들의 부모와 선생과 선배가 읽어야 하는 책이다. 우리는 다시 이어져야 한다.

권여선(소설가)

『알지 못하는 아이의 죽음』을 읽으며 나는 유가족과 주변인들의 목소리로 김동준 씨, 이민호 씨의 모습을 그려보았다. 자신의 삶을 어린 나이부터 책임지려 노력했던 친구들, 무엇보다도 어른들이, 이 사회가 자신을 지켜주리라는 믿음을 지니고 사회에 나왔던 친구들의 모습을. 단발성 뉴스로 스쳐 지나갔던 '안타까운 죽음' 이면에 어떤 사람이 있었는지, 그 사람이 누릴 수 있었던 삶은 무엇이었을지 나는 먹먹한 마음으로 이 책을 읽으며 생각했다. 다시는 이런 일이 반복되지 않기를 바라는 마음으로 증언하고 기록한 이들의 노력에 감사함을 느끼며. 청(소)년 노동자의 죽음에 연루되지 않은 성인은 없다. 우리는 무감함으로, 방관으로 이 죽음에 가담했다.

'세상은 바뀌지 않아'라는 체념이 쌓여, '보지 않을래, 알고 싶지 않아'라는 외면이 반복되어, 고통받는 사람들의 목소리를 듣지 않으려는 방임이 '사람 사는 게 원래 이런 거야'라는 목소리로 이어져 우리가, 사람을 죽였고, 지금도 죽이고 있다. 청(소)년 노동자의 죽음을 기억한다는 것은 어떤 인간도 쉽게 쓰고 버릴 수 있는 값싼 소모품이 될 수 없다는 믿음의 몸짓이다. 이미 끝난 일을 기억해서 무엇을 바라느냐는 말에 이 책은 답하고 있다. 우리에게는 이토록 잔인한 사회를, 인간의 생명과 존엄을 헐값으로 취급하는 사회를 거부하고 안전한 사회로 다시 세워야 하는 의무와 권리가 있기 때문이라고.

최은영(소설가)

화초에 새잎이 돋고 꽃망울이 맺히기에 봄볕을 실컷 쐬라고 베란다에 내놓다가 실수로 줄기 하나를 부러뜨렸다. 물오른 새순들이 안타까워 꺾인 가지를 화분에 다시 꽂아두었다. 동준과 민호의 삶도 그렇게 부러지고 꺾여, 이십 년 가까이 품어온 아이를 세상 문턱에 내보내자마자 잃은 부모들 가슴에 꽂혀 있다. 작가는 세상이 눈길을 주지 않는 젊은 나뭇가지들의 존재와 이들의 부러짐, 꺾인 가지들이 박힌 부모들 가슴의 피눈물에 대해 쓰면서 '오래된 숙제'를 시작했다. 이 책을 읽는 것으로 우리의 오래된 숙제를 시작할 차례다.

공유정옥(직업환경의학 전문의, 한국노동안전보건연구소)